イラストで読む AI入門

森川幸人 Morikawa Yukihito

JN231182

★――ちくまプリマー新書

322

目次 ＊ Contents

はじめに……7

第一章　ＡＩの歴史――第三次ＡＩブームまでの道のり……13
「仕事のＡＩ」から「家庭のＡＩ」へ／鏡の中のＡＩ／ＡＩというネーミングで躓いた？／あっという間に終わった第一次ブーム／第二次ブームでは、世の中の役に立つかどうかが問題に／そして第三次ブーム／ＡＩは人間の脳をモデルにしている／エキスパートシステム／世界中の論文を読んでいる／ＡＩの知能が人間を超える「シンギュラリティ」／囲碁の世界ではシンギュラリティが起きている／人間が教えない「教師なし学習」モデルの強さ

第二章　ＡＩは万能じゃない!?……73
「特化型ＡＩ」と「汎用ＡＩ」／人間の無意識部分をＡＩは感知できない／ＡＩには閃きがない／会話はとても難しい／ＡＩにも言葉の壁が／嘘もつけない、見破れない／ＡＩはもう先生がいらない自習プログラムである／ＡＩの

すごさはパターン認識力／ＡＩはなかなか人間の感性には追いつけない／ＡＩなくしてゲームはつくれない／個人情報から自分好みにカスタマイズされていく

第三章　「おはよう」から「おやすみ」までのＡＩ……126
ロボットが人間に近づくのは必然／自分で想像するようになる／ボトムアップ式のロボット／服のデータも集積していく／学校教育もＡＩで／人間が証拠としていたものがほとんど信用ゼロに／心の健康にもＡＩ／ＡＩと人の区別がつかない／ＡＩが普及してもやっぱり人は忙しい／ＡＩに求めるもの／普及するとわざわざＡＩとはいわなくなる

構成　桜井裕子
挿画　森川幸人

はじめに

最近テレビコマーシャルで「ＡＩ搭載で賢く」「ＡＩ搭載で快適な」といったキャッチコピーを目にすることが多くなりました。ひと昔前には「マイコン搭載」とか「ファジー機能で」といったキャッチコピーがよく聞かれましたが、実際、それと同じようなことだと思います。

マイコンもファジーも当時のバズワードでしたが、最近ではいっこうに見聞きすることがありません。しかし、一時的な流行で終わったというわけでもありません。マイコンもファジーも、すでにどのメーカーの扇風機、エアコン、炊飯器、冷蔵庫、車にも当たり前の機能として組み込まれており、今さら売り文句にならないため、広告に使われなくなったに過ぎません。

ちなみに、「ファジー」は「曖昧な」という意味です。たとえば、それまでのエアコンというのは、二五度以上は「暑いので冷房を入れる」、それ以下は「冷房を切る」といったように杓子定規に分け、二五度になった途端にパッとエアコンの運転が止まっていました。しかし、それでは二五度の境目で極端に動作が変わってしまい、その後は一気に暑くなる、次に冷風が出てきてもなかなか冷えないなど、いい具合に快適さが保たれません。

そこで、二五度「くらいで」冷房が入る（切れる）、よう、曖昧な線引きでコンピュータに命令できるようにした機能が組み込まれました。これがファジー機能です。このファジー機能が入ったため、体に優しいエアコンや扇風機、かまど炊きのようなお米が炊ける炊飯器ができました。

ＡＩという言葉も、これらと同じ道をたどるだろうといわれています。

つまり、ＡＩもこの先もう消えることのない技術で、家電や車、スマホ、各種システムに当たり前に必要な機能として搭載されるようになるのです。ＡＩという言葉が売り文句にならなくなり、コマーシャルから消える日もそう遠くないということです。

さて、新しい技術用語が登場したとき、最初に色めきたつのは、仕事をしている人たちです。時代の流れに遅れてはいけない。ライバル社との競争に勝つために、この技術は必要だろうか？　これを用いると、自分の会社にどういうメリットがあるんだろうか？　そもそもどう使いこなせばいいんだろう？　そういったことから、情報収集や勉強に一生懸命になります。

とはいえ、今すぐＡＩの力を借りないといけないような業種というのは、今のところそう多くはありません。自分が勤める会社でＡＩに触れるようなことは、まだ少し先になることが多いでしょう。

一方、家庭にいる方は、そうした新しい技術が自分の家に関係あることとは思えず、あまり関心をもたないことが多いようです。しかし、先のファジーやマイコンなどがそうだったように、ＡＩもまた、最初に入ってくるのは家庭です。ＡＩはまず、家電やスマホといったところから入ってきて、私たちの生活を変えていきます。

もちろん、家の中にＡＩが入ってくる方が早いとはいっても、遭遇するまでの時間が多少違うだけにすぎません。コンピュータやインターネットだって、登場した当時は「うちの会社にそんなものが必要になるの?」といっていた時代がありました。それと同様に、これから全ての会社にＡＩが必要になることは間違いありません。好き嫌いにかかわらず、誰もがＡＩに接し、ＡＩの恩恵を受けることになるのです。

ともかく、ＡＩはおそらく会社より先に家庭に入ってきます。この逆転現象がとても面白いと思ったことが、この本を書くきっかけとなりました。

そのためこの本では、ＡＩの基本的な機能を説明するとともに、それが仕事環境でなく普通の生活にどうかかわってくるのか、どこに使われるか、それによってどういうメリットがあるのかというあたりを、できるだけ具体的に解説することに重点を置きました。

また、数式を出さず、イラストをたくさん入れて、「わかりやすいＡＩ本」より一歩踏み込んで「読む気になるＡＩ本」になるように心がけました。

今までＡＩなんて自分には無縁だと思われていた方に、少しでも「ＡＩって面白いかも」と思っていただけたら本望です。

第一章　AIの歴史――第三次AIブームまでの道のり

「仕事のAI」から「家庭のAI」へ

現在の一般の方々のAIに対する注目ポイントというのは、もっぱら「自分の会社や仕事にどうかかわってくるんだろう」「シンギュラリティがあるとしたら、自分の仕事は大丈夫だろうか」というところにあると思います。実はパソコンやインターネットが出てきたときも、仕事の現場では同じようにハラハラドキドキしたのですが、結果として皆の仕事がなくなることなどはなく、無事にブームは去っていきました。

一九八〇年代に「ファジー」とか「f分の1ゆらぎ」などという言葉が登場し、今でいう〝バズった〟状態になったときも、最初にざわついたのは仕事の現場でした。でもほとんどの仕事とf分の1ゆらぎは大して関係がなかったりして、これもなんとなくブームが終わりました。

一方、家庭では、「f分の1？　何それ？」とあまり関心が向けられなかったと思います。しかし、今、その技術を使っているのは家庭の道具たちです。というのは、より自然な風を送る扇風機や、加熱ムラを起こさない電子レンジなどに、ファジーの機能はきちっと入り込んでいるからです。ファジー機能つきの家電が出てきたばかりの頃、「ファジー機能搭載」が華々しく謳《うた》われていたものですが、今は特にそれが売り文句になっていないので、誰もそんなことには気がつかずに使っているわけです。ブームとしては消えても、ファジー機能は生活に不可欠の技術として定着しているのです。

同じように「マイコン機能（マイクロコンピュータ）」も一時は家電業界の大流行語となり、エアコンでも炊飯器でも皆「マイコン搭載」と謳っていました。しかし、今はいちいちそんなことをいいません。マイコンが出たときも最初にざわついたのは仕事の現場にいる人たちですが、今それを家の中で皆が使いこなしています。

炊飯器でご飯を炊くとき、お米の量やつくる料理（たとえば、炊き込みご飯かおかゆか、それとも寿司飯《すしめし》か）など、さまざまな要素や目的に合わせて火加減を細かく調整するの

わが社的AI元年
我が社における
AIの必要性は…
AIとは
…

冷蔵庫が
栄養管理
レンジが
調理法を指南
スマートスピーカーが
好みの音楽を再生
掃除ロボが
自動でお掃除
体重計が
健康管理
家庭内には
いっぱいAIが
入ってくるにゃ

は、マイコンならではの機能です。それ以前の電気炊飯器は一律に炊くだけだったので、人間が水加減を間違えるとベチャベチャのご飯になったりしたものです。今はマイコンが細かく制御してくれるので、あまりそういうことはありません。

このように、理論や技術に関心がなくても、知らず知らずに家の中で最新技術に接していることはよくあります。ＡＩについても、今後間違いなく同じことが起こるでしょう。会社の中で働くだけなら、しばらくはＡＩと直接的に関係することは少ないと思います。帰りのタクシーが自動的に配車されるとか、自動運転になるとか、そういうことはあるかもしれませんが、当分はその程度でしょう。

それに対して、ＡＩなんて他人事《ひとごと》だと思っていても家の中では、今後はＡＩにより多く接することになるはずです。それはとりもなおさず、ＡＩが普通の生活の中に入ってくるということです。

日常生活に「ＡＩ」が入ってくると同時に、「ＡＩ」という言葉は消えていきます。「ファジー」も「マイコン」も消えました。昔はワープロの漢字変換や予測変換さえ

「ＡＩ機能」といっていましたが、今は誰もそんなことはいいません。生活に根ざした瞬間に、小難しい言葉は消えていくのです。ＡＩも当然その宿命を背負っているので、日常生活に入りこんでいくに従い、ＡＩという言葉は意識されなくなっていくでしょう。そのいい例がお掃除ロボットの「ルンバ」です。今「ルンバ」をＡＩと呼ぶ人は誰もいないはずです。おそらく人々の認識は「賢い掃除機」くらいのものになっていると思います。

ＡＩという言葉が意識されなくなった頃には、僕たちは起きてから寝るまでずっとＡＩに囲まれた生活を送ることになっているでしょう。その頃には人間が「こうなったら楽なのになあ」と思っているようなことがどんどん実現されていきます。しかも、「人間の平均値としての便利」ではなく「あなただけの便利」というところまで入り込んでいけます。

具体的に、ＡＩは生活の中にどのように入ってくるのでしょうか。すでに実用化されていることや、これから考えられることを挙げながら、生活シーンごとにみていきましよう。

鏡の中のＡＩ

朝、起きたところから始めます。僕が個人的に注目しているのが鏡です。朝起きて洗面所に行き、鏡を見ますね。今は鏡は自分の姿を映し出すだけですが、鏡にカメラがつけば、顔色や表情を撮影し、そのデータを蓄積していくことで、普段の健康状態をすぐチェックできるようになります。

鏡はディスプレイにもなります。整髪などをしながら「今日の天気は？」とか「気温は？」とチェックできるのはもちろん、今日やることのリストなども全部表示されるようになるでしょう。ＳＦ映画などに出てくるような、いろいろなデータが流れていくディスプレイ装置になるわけですね。そこに平面スピーカーを組み合わせれば、鏡が喋《しゃべ》るようになります。朝イチでチェックした健康状態を数値化して、ディスプレイに表示したり、「今日は体調が悪いようですね」などと話しかけてくれたり。そのように鏡は今とは全く違う機能を持つようになると考えられます。

最近「ＩｏＴ（Internet of Things：物のインターネット）」という言葉が盛んにいわれています。これはあらゆるもの同士がインターネットでつながるようになるということで、遠からず、ＩｏＴも家の中に入ってきて、いずれ全ての家電がネットを通してつながるようになるでしょう。

家電がつながっていったい何をするのでしょうか。家庭の中で一番大事なのは主人たちの健康と安全なので、家電たちがネットでやりとりし合って、ご主人様の体調や安全性を管理する機能を持つようになるでしょう。

朝起きて鏡の前に立ったときに、表情を見ながら鏡が体調をチェックし、トイレに行けばトイレが主人の尿の状態を確認・分析する。そうすると、昨日は飲みすぎているとか、尿に蛋白《たんぱく》が出ているとかいうことがいろいろわかるわけですね。体重については、今でも体重計からスマホにデータを送る機能があるぐらいなので、当然、日々の体重や体脂肪率の管理もできます。このように、それぞれの家電がモニタリングしたことを家電同士でやりとりすることで、ご主人様の体調を総合的に管理してアドバイスができるようになります。

健康チェックの結果、昨日は飲みすぎたということがわかれば、「朝食には野菜ジュースを飲むとよいでしょう」というようなアドバイスをしてくれるでしょう。そのアドバイスが冷蔵庫や電子レンジやジューサーなどのキッチン家電に送られると、冷蔵庫は冷蔵庫で自分の中にある食料を確認し、「小松菜はありません、バナナもありません、ではどうしましょうか」と考えたりします。そして冷蔵庫にあるもので何かいいものがつくれないかと検討し、冷蔵庫だけでは解決できなければ「ではちょっとレシピを探してきますね」なんてインターネットを検索する。ご主人様の食生活や嗜好《しこう》なども含めてレシピを考え、これだというものが見つかったら、そのレシピを電子レンジやジューサーに送る。あるいは、冷蔵庫から在庫の情報を受け取ったジューサーが、この食材を使うとどういうものができるか、どのぐらいの時間でできるかをインターネットで探し、攪拌《かくはん》時間を自動的にセットして、スイッチも入れて調理してくれるかもしれません。そ

鏡が顔色をチェック
歯ブラシが
口内環境を
チェック
トイレが
尿をチェック
体重計が
体重の増減をチェック

のようなかたちで、家電全体が協力し合う時代がくるのではないでしょうか。

ここで一度、寝室に戻りましょう。寝ている間の寝返りやいびきの回数、呼吸の様子など、睡眠の様子をモニタリングしてデータをPCに送る枕はすでに製品化されていますし、ベッドに感圧センサーなどが組み込まれ、体調を管理してくれる製品もあります。今はまだベッドはベッド、枕は枕と情報が孤立していますが、それらが総合的に連絡を取り合うようになると、体調管理面では今よりずっと正確できめ細かなものになるでしょう。さすがに治療まではいかないでしょうが、予防には十分対応していけると思います。病院や特別な施設でなくても、家の中で精度の高い健康管理ができる時代になるでしょう。

家族全員のライフログ、つまり、就寝時間、起床時間、帰宅時間、入浴時間、さらにはドアの開け閉めの回数などの記録を取れば、AIはその人ごとのライフログのデータから、その人の生活パターン（特徴）を見つけ出します。実はそのようなパターン抽出は、AIが最も得意とすることです。AIはその人の平均的な生活パターンを学習して、

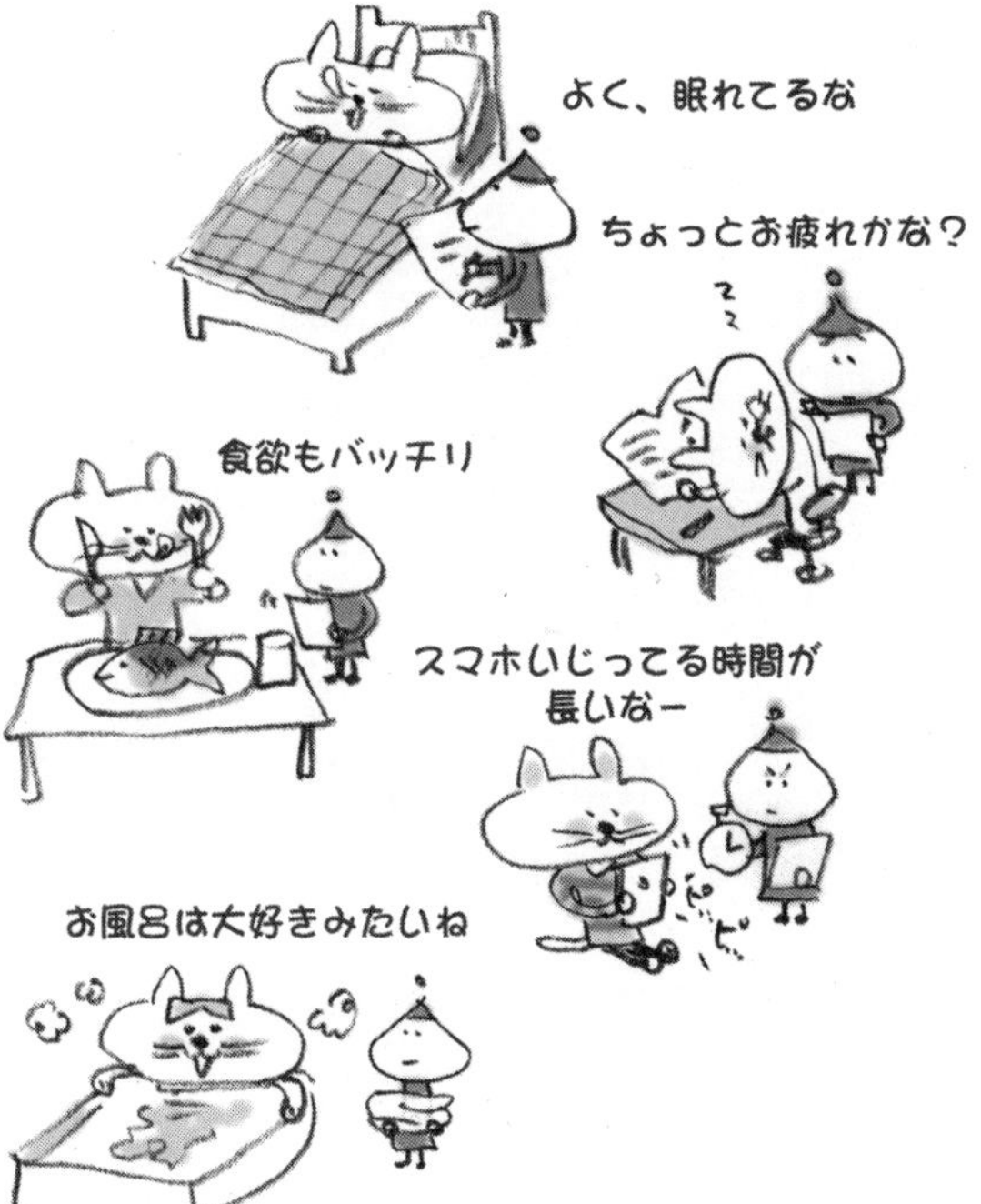
よく、眠れてるな
ちょっとお疲れかな？
食欲もバッチリ
スマホいじってる時間が
長いなー
お風呂は大好きみたいね

今日は平均パターンからどのぐらいずれているかをチェックし、ずれた原因を探って対処法まで出すことができるわけです（「飲み過ぎですね」→「朝食は野菜ジュースをどうぞ」というように）。そのようなことの一部はもう、スマートスピーカーで実現されています。

少し横道に逸れますが、僕はスマートスピーカーが今の機能のままだったらブレイクしない気がしています。毎日みんないちいち天気予報や時間をわざわざスピーカーに聞きませんよね。それはテレビをつければすむ話です。お店探しなども頻度が低そうです。また、日本人には相手に名前で呼びかける習慣がないので、いちいち「ヘイ、シリ」とか「オーケー、アレクサ」から始めるのは面倒ですし、照れくさいでしょう。今のスマートスピーカーのコンシェルジュ的な機能がもっと拡張され、他の家電と協力し合って総合的に自分を見守ってくれる、時には楽しませてくれる、そうならないとなかなか普及しないのではないかと思います。

家電だけではなく、家自体がＡＩになると予測する研究者もいます。一つ一つの家電

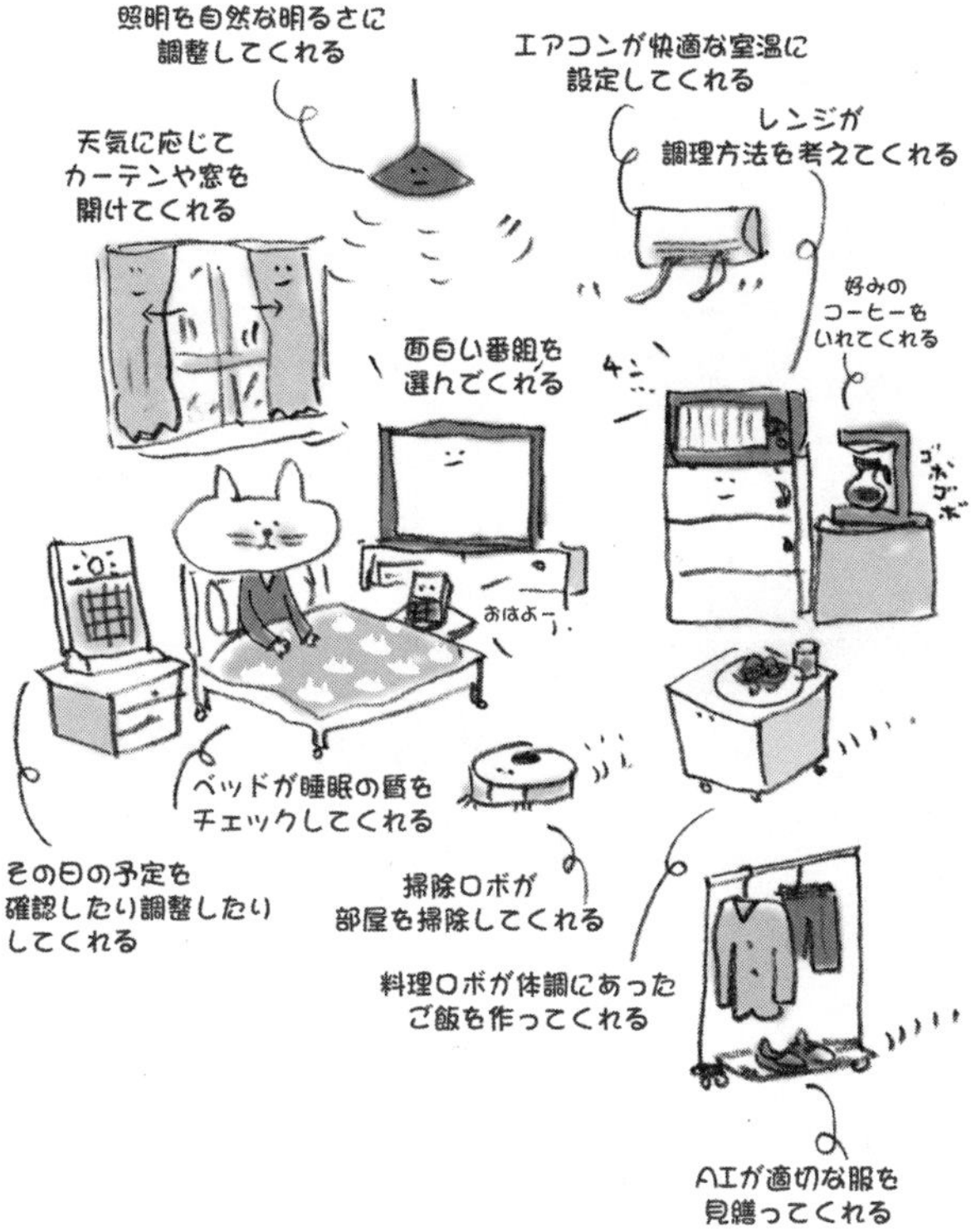

照明を自然な明るさに
調整してくれる
エアコンが快適な室温に
設定してくれる
天気に応じて
カーテンや窓を
開けてくれる
レンジが
調理方法を考えてくれる
好みの
コーヒーを
いれてくれる
面白い番組を
選んでくれる
ゴボゴボ
おはよー
ベッドが睡眠の質を
チェックしてくれる
その日の予定を
確認したり調整したり
してくれる
掃除ロボが
部屋を掃除してくれる
料理ロボが体調にあった
ご飯を作ってくれる
AIが適切な服を
見繕ってくれる

がドア、窓、ベッド、電灯などと相互にやりとりし合い、それを統合する家自体が一つの意思を持つ――というといい過ぎですが、少なくとも、家自体が僕らを見守ってくれるＡＩになるということは十分に考えられます。特に介護士の人手不足が問題になっている介護の世界では、特にそのような方向に向かっていくのではないでしょうか。ベッドが寝返りの回数や発汗量、いびきなどから健康状態をチェックし、天気を考慮して、窓が自動的にカーテンを開けたり、照明の明るさを調整したり、ご主人様の日ごろの行動パターンから、その時に必要な家電を動かしたり、手元まで運んでくれたり、部屋自体がロボット化するようなことにもなるだろうと思います。

「リビングサイエンス」という言葉があります。リビングに科学の全てがあるという考え方ですが、今後はそれが「リビングＡＩ」に置き換わっていくのでしょう。

ＡＩというネーミングで躓《つまず》いた？

ここで、ＡＩの歴史をたどってみたいと思います。「ＡＩ（artificial intelligence：人工知能)」という言葉は、一九五六年のダートマス会議で生まれた、まだ生まれて六〇年程度しかたっていない新しい言葉です。アメリカの認知科学者のミンスキーがダートマス大学で約二ヶ月にわたる学会を開催したのですが、その正式名称が〝The Dartmouth Summer Research Project on Artificial Intelligence〟、すなわち「人工知能に関するダートマスの夏期研究会」。ここで世界で初めて「人工知能」という言葉が使われました。この命名からは、機械に言語を扱えるようにさせる自分たちの研究により、機械がいずれ人間の知能に追いつくのだという意気込みが感じられると思います。

いきなり話が横道に逸《そ》れますが、このとき「インテリジェンス(知能、知性)」という言葉を使わず、「マシンラーニング(機械学習)」くらいにしておいてくれれば、そのあとの苦労は少し減ったのではないかといわれています。いきなり「知能、知性」などといってしまったおかげで、背負っているものがとても大きくなってしまいました。

実はこの当時、人間の知性は少し甘く見られているところがあり、コンピュータで代替可能なものなのではないかと思われていたのです。その後、人工知能は発展していきますが、同時に人間の知能の理解も進み、人間は思っていたよりすごいということがわかってきました。いくら人工知能が発達しても、いつまでも人間の知能に追いつくことができない。いまだに一部を除いては全く到達できていませんし、今では、最終的に到達できない分野もあるのではないかといわれるまでになっています。人間の知性の奥深さを知りながら、あたかも蜃気楼《しんきろう》を追いかけるように近づいたり遠ざかったりしているのが現状で、そのため「最初にもう少し軽めに目標設定しておけばよかったのに」という声が上がっているわけです。

あっという間に終わった第一次ブーム

現在、ＡＩは三回目のブームと言われています。最初のブームは、ダートマス会議から始まりました。最初のＡＩは「パーセプトロン」というモデルで、簡単な記憶と判断ができました。ちょうどその頃コンピュータが出始めていた頃で、ＡＩとこの素晴らしい計算機械があれば、人間の知能を機械に置き換えられるのではないかと盛り上がった

インテリジェンス
マシン・ラーニング

わけです。しかし、パーセプトロンに致命的な欠点が見つかり、あっという間にブームは収束してしまいました。ブームを収束させたのも、ダートマス会議の主催者の一人であるミンスキー本人でした。

パーセプトロンの致命的な欠陥というのは「排他的論理和ができない」ことです。簡単にいえば、矛盾したことを覚えられないということです。

ＡＩの能力の一つに、問題を正しく分別できるということがあります。「それは正しいか、間違いか」「それは赤いか白いか」などを対象ごとにきちんと学習、判断できることが求められました。

そして、非常にシンプルな対象については、ちゃんと分別できることがわかりました。さまざまな事象について、最初にサンプルとして○か×かを教えただけで、次に新しく出てきた事象についてもサンプルをもとに○か×かをきちっと判別でき、これは素晴らしい！と盛り上がったわけです。

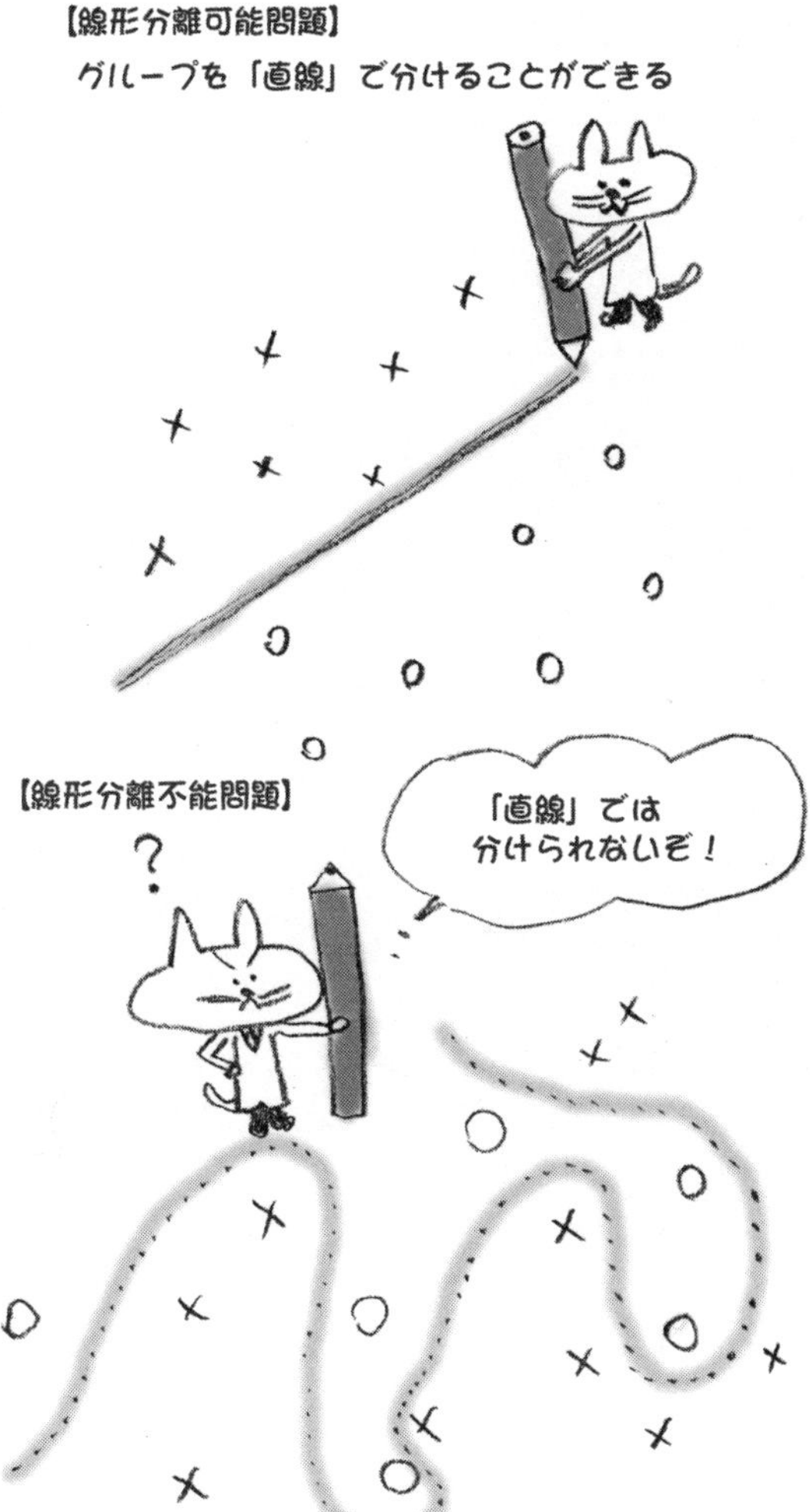
【線形分離可能問題】
グループを「直線」で分けることができる
【線形分離不能問題】
「直線」では
分けられないぞ！

しかし、実はこれはモデル的に問題がありました。○と×の線引きが直線的にしかできないのです。つまり、直線では分けられても、曲線では分けられない。○の中に×が食い込んだように入っていた場合、前ページの図のように×を避けて○の箇所だけ拾っていくような線は引けないということです。これを「非線形問題」とか、「線形分離不能問題」といいます。

そのぐらい大した問題ではないのではないかと思うかもしれませんが、実は人間の世界には、そのような問題が多々出てきます。むしろ、直線できちんと分けられる事象のほうが少ないといってもよいくらいで、図形として二次元で描いてみると、大概の問いは相当入り組んだかたちになります。このような部分についてもきちんと分離できない限り、パーセプトロンは実用にならない。ミンスキー自身がそこに気づき、数学的にそれができない機能であると証明してしまったことで、一回目のブームはあっという間に消えてしまいました。

第二次ブームでは、世の中の役に立つかどうかが問題に

二回目のブームは一九八〇年くらいから二〇〇〇年という二〇世紀の終わりごろに起こりました。パーセプトロンの欠点をうまく克服した「バックプロパゲーション」というモデルが発明されて、「これはいけるかも！」となったわけです。しかし、なかなか実用に使えるような精度にまでは到達しませんでした。ではそれに自分のお金や命を預けられるかとか、人間の代わりに判断を任せられるかというと、そこまでの精度は持ち合わせておらず、その部分のブレークスルーが起こらないまま、しばらく袋小路に入ったような状況が続きました。

ＡＩは工学の世界の道具なので、世の中の役に立たないということは致命的な問題です。次第に、大学の先生たちも学生たちに「こんな研究をしていると就職先がないよ」といわざるを得ないような、前途の見えない雰囲気になっていきました。

ちなみに一九九七年、第二回目のブームの終わり頃に、僕は日本のゲームでは初めてＡＩ、しかも無謀にもその当時最先端のＡＩである「バックプロパゲーション」を取り

入れたゲーム「がんばれ森川くん二号」をリリースしました。ゲーム業界では大した話題にはなりませんでしたが、ＡＩ業界では、「ＡＩを商品に使った」、しかも、「全く知らないやつがいきなりバックプロパゲーションという当時最新のＡＩモデルを使った商品を出した！」ということで驚いていただけました。そのくらいＡＩが商品に使われた例が少なかったのです。

しかし、二回目のブームは二〇世紀を越えられないまま、何となく消えていってしまいました。

そして第三次ブーム

そしてご存じの通り、現在三回目のＡＩブームがきています。その始まりは二〇一二年にディープラーニング（深層学習）が登場したことによります。毎年開かれている「ILSVRC（ImageNet Large Scale Visual Recognition Challenge）」という画像認識コンテストで、その年いきなり登場して驚異的な成績を挙げたＡＩがあり、「何だこれは！」と大

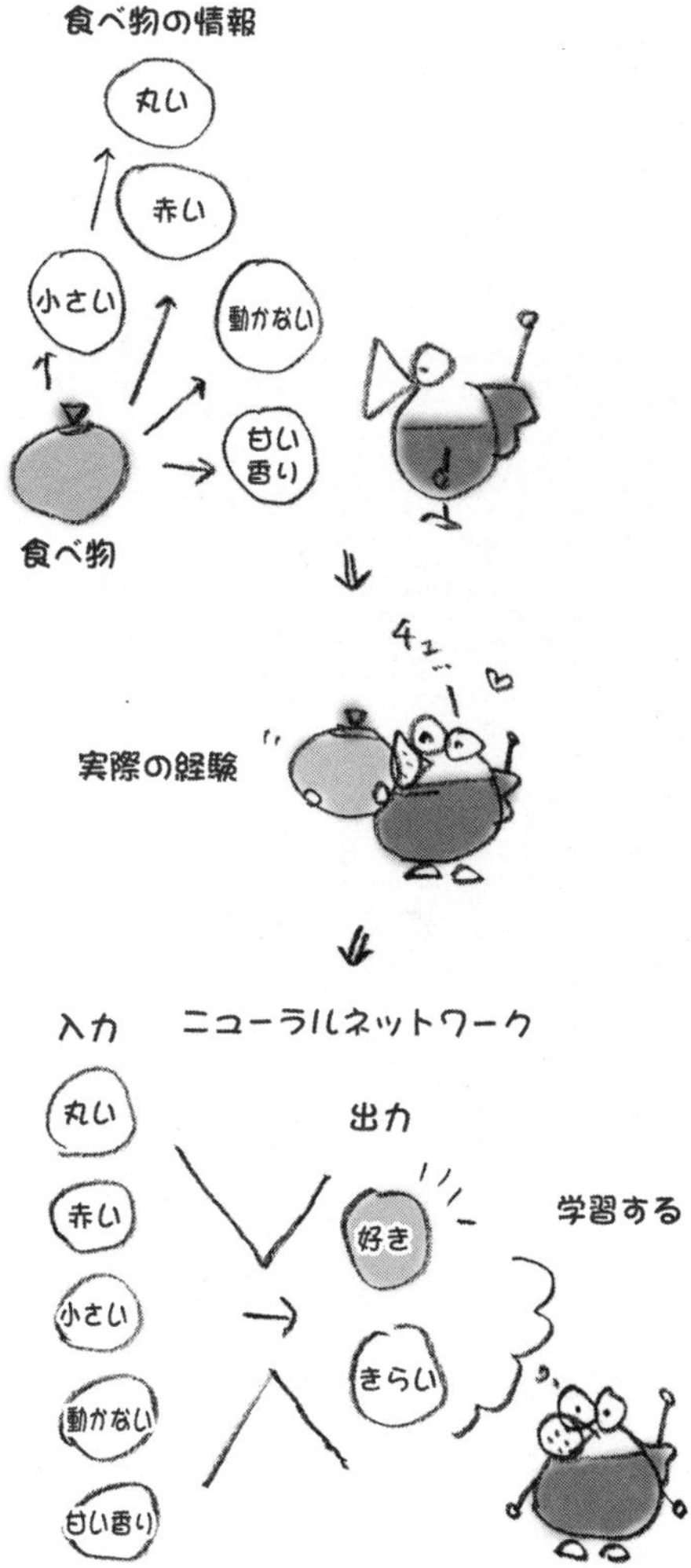
食べ物の情報
丸い
赤い
小さい
動かない
甘い香り
食べ物
実際の経験
入力
ニューラルネットワーク
丸い
赤い
小さい
動かない
甘い香り
出力
好き
きらい
学習する

騒ぎになりました。トロント大学のヒントン教授が引っさげて来たこのディープラーニングというＡＩモデルは、実は全くの新型モデルだったわけではなく、二回目のブームの主役だったバックプロパゲーションの改良型でした。

ややや専門的な話になってしまいますが、ディープラーニングとは、ざっくり「畳み込みニューラルネットワーク」と「多層ニューラルネットワーク」という二つのＡＩを合体させたＡＩと言えます。これらはいずれも二回目のブームのときにすでに個別に開発されていました。しかし、両者を組み合わせただけでこんなに精度が上がって強力なものができるとは誰も思っていませんでした。まさに灯台下暗しです。

今回の三回目のブームは、今までとは大きく違っています。これまではどちらも、ブームといいつつも学者の間だけでのブームであり、一般の人には全く関係のないものでした。もちろん、ＩＢＭなどコンピュータ関係の企業は注目していましたが、決して家電メーカーや一般メーカー、さらに一般の人が興味を持つような対象ではなかったのです。それが今回は最初からグーグルが関わっており、トロント大学のチームがコンテス

これが「ネコ」ね

はい、これは
なんの写真でしょう?
「いぬ」です!
ディープラーニング
いろいろな
画像認識アルゴリズムたち

トで優勝した翌年には、先のトロント大学のヒントン教授が設立した学内ベンチャー「DNNリサーチ社」を買収しているほどです。そのくらい一般企業や普通の人を巻き込んだブームになっているわけです。

グーグルは一年間で一兆円をAI関連に投資しているといわれています。

グーグルはウェブ検索サービスを始めたときから、検索のデータなどを集めているといわれていますし、グーグルマップなどでの検索、カーナビなどの利用データなども集めているようです。そのようなビッグデータはデータ量が多すぎて、もはや人や簡単な計算では解析しきれなくなってきています。そこで、ビッグデータから有用な情報を取り出す作業（これを「データマイニング」といいます）をAIにやらせる必要性がでてきました。おそらくマイクロソフトやフェイスブックも、AIに巨額の投資をしているでしょう。一方、日本は、二〇一八年度には、AI予算として七七〇億円が計上されています。この額は、アメリカや中国の二割以下という残念な額です。

一回目、二回目のブームの終焉《しゅうえん》を経験した研究者の中にはこのブームもいつかは終わるだろうと醒《さ》めた目で見ている方も多いのですが、各社の投資額も非常に大きく、そう簡単に弾けることはないのではないでしょうか。

AIは人間の脳をモデルにしている

さて、一回目のブームが起きたのは、パーソナルコンピュータという言葉もなく、コンピュータがまだ大きな家具のようだった時代のことです。先ほども述べたように、ブームの背景にはこのコンピュータの登場があるといわれます。そのようなことでいうと、今回のブームの背景にあるのはインターネットの登場です。インターネットにより、ディープラーニングに教えるべき大量のデータ（これを「教師信号」といいます）が集めやすくなったことが、ＡＩが発展した大きな要因でした。

今は強力なコンピュータとインターネットのコンボによって、教えるべき情報が大量に簡単に取得でき、それを計算する能力もありますが、たとえば、どこかの大天才が一九七〇年代にディープラーニングを構想したとしても、当時の環境やコンピュータの能力では間違いなく実現できませんでした。今だからできる、ということです。

ＡＩの発明は、コンピュータ、インターネットと合わせて「人類の三大発明」と言われます。もう少し大きく、蒸気機関を入れて四大発明という人もいます。

さて、ディープラーニングを含め、ここまで説明してきたのは、いずれも脳をモデルにした「ニューラルネットワーク」というモデルです。このモデルは、脳細胞に関する「ヘッブ則」という仮説を基盤に発展してきたものです。

脳細胞はいろいろな脳細胞と連結しています。たとえば、「梅干し」を食べたとしましょう。すると「赤い」ものに反応する脳細胞、「丸い」ものに反応する脳細胞、「酸っぱい」に反応する脳細胞が同時に興奮します。

同様に、キャラメルを食べたとします。このときは、「赤い」もの、「丸い」もの、「酸っぱい」ものに反応する脳細胞は興奮しません。「四角い」もの、「甘い」もの、「茶色い」ものに反応する脳細胞同士の結合が強まり、逆に「丸い」もの、「赤い」もの、「酸っぱい」ものに反応する脳細胞の結合は弱くなります。興奮した細胞同志の結合が

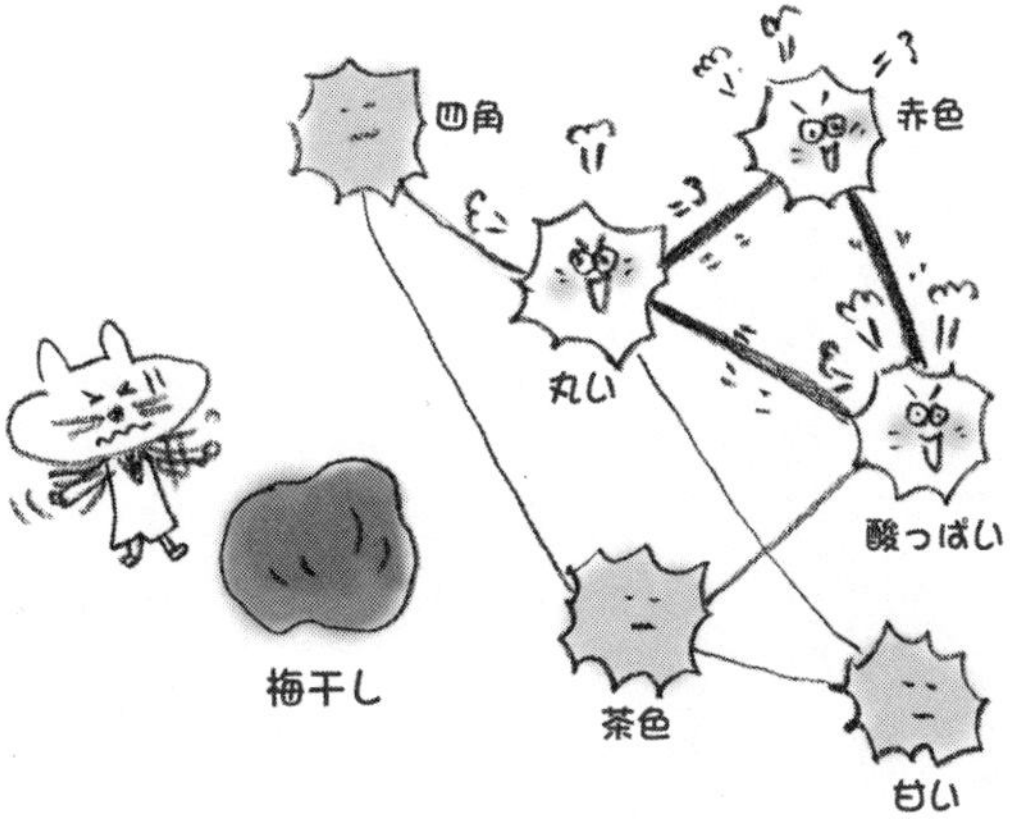
四角
赤色
丸い
酸っぱい
梅干し
茶色
甘い

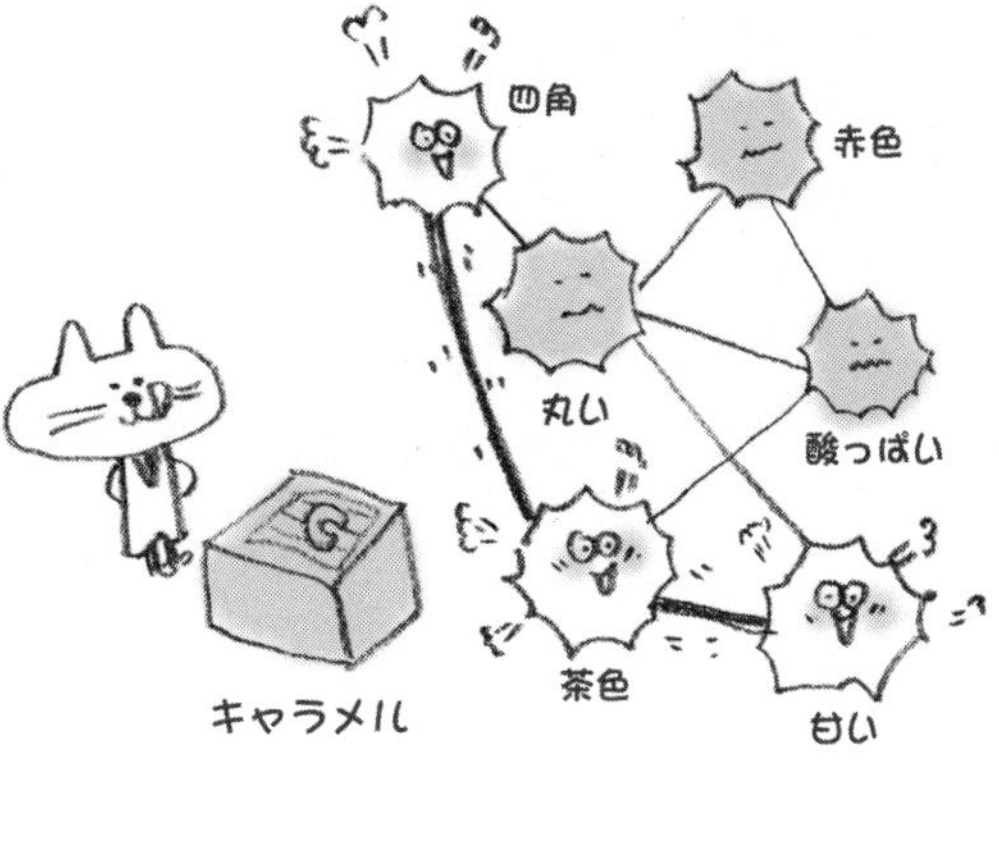
四角
赤色
丸い
酸っぱい
茶色
甘い
キャラメル

強く太くなり、相反する脳細胞の結合は弱くなるのではないかというのがヘッブの仮説です。「何かをしたときに同時に興奮した細胞同士の結合は太くなるのではないか」と考えたわけですね。実はこれはヘッブの論文の中のわずか三行程度の文言で、しかも、解剖学的に証明したわけではなく、「そうなのではないか」程度の感覚で書かれた直感的な仮説です。僕は原文を読んでみましたが、そうだとはっきり明言されてはいませんでしたし、当時はMRIもなく、実際、はっきりと検証されたわけでもありません。

しかし、それを読んだローゼンバッハが「それだったら数理モデルになるのでは？」と考え、コンピュータでプログラム実験してみたところ、実際に簡単な記憶や判断ができました。ということで、俄然《がぜん》盛り上がってしまったわけですね。

人工知能のモデルは、そのようなあいまいな仮説の上に成り立っています。ヘッブ則についても、いまだにはっきりとそうだとは言い切れていないはずです。しかし、興奮したもの同士がたくさん信号を送り合うというのは、直感的にはいかにもありそうなことだと思えますね。意外かもしれませんが、そのような仮説上の脳のモデルを模倣したところから、ニューラルネットワークは始まったのです。

エキスパートシステム

一方、二回目のブームのときには、脳をモデルにしたものとは異なるタイプのＡＩも生まれました。そのうちの一つが「エキスパートシステム」です。「知識データベース型ＡＩ」と呼ばれることもあります。

これは、「もし○○のときならこのようにしなさい」「もし××であればこういう可能性が強いです」と、if（もし）～then（ならば）というルールや知識をたくさん教えるという仕組みです。

要するに、人間の持っている知識やルールを全部羅列してそのまま教え込み、今起こっていることがそのどれに当てはまるかを探していくものです。

たとえば医療に応用する場合は、「もし体温が三八度あったら↓風邪の可能性は六二%です」「もし咳が出たら↓風邪の可能性は四〇%です」「もし咳が出て熱があったら↓

風邪の可能性が高いです」というようになるわけですね。そのように専門家の知識を教え込むので「エキスパートシステム」と呼んでいます。

この方式の研究開発も、ニューラルネットワークとは独立して今日まで脈々と続いています。その代表格がIBMのワトソンです。ディープラーニングとIBMワトソンはよく一緒にして語られることが多いのですが、実は両者は全く違うモデルです。これらはアップルのiOSとマイクロソフトのウィンドウズ、又は、アイフォーンとアンドロイドスマホOSのように、おそらく今後もどちらもなくなることはないでしょう。

このエキスパートシステムにも、欠点があります。こんなに世の中が高度かつ複雑になっても、いちいち人間がAIに教えなくてはいけないのであれば、人間の作業量が全く減らないからです。実際、人間が延々と教え続けるのは大変すぎますし、大量にいろいろ教える中で、もし矛盾したことを教えてしまうと、こっちの問いのときには風邪は六〇%、こっちの聞き方だと一〇%などと、事象ごとの整合性も取れなくなってきます。その検証まで人間がやらなくてはいけないとなると、当然「これって本当にAI?」と

体温が38度以上　…　風邪の確率62%
咳がよくでる　…　風邪の確率40%
寒気がする　…　風邪の確率90%
食欲がない　…　風邪の確率30%
体がだるい　…　風邪の確率20%

いう話になってくるわけです。「それではただのプログラムではないか」「判断だけコンピュータにやらせているだけで知能といえるのか」という疑問の声もあがります。

そこで人間は、ＡＩが自分で学習できるように、本を自動でめくる機械をつくるところから始めました。それから、ＡＩが自分で本を読めるように、ＯＣＲ（光学的文字認識）を強力にしたような仕組みをつくりました。人間が一ページずつジーッとスキャンしていく必要もなく、機械が自分でページをめくりながら本を読んで記憶していくわけです。このシステムにより、スキャン用に分解することなど絶対にできないような貴重な本も読めるようになって、ＡＩは知識を自動的に蓄えられるようになりました。

世界中の論文を読んでいる

ＩＢＭワトソンは世界中の知識を集めています。本に換算すると一〇〇万冊分に相当する知識（の断片）を集めていると言われています。そして二〇〇〇万件以上の医学論文を読んでもいます。これはとても人間にはマネできない量です。

人間だと読んだのに忘れてしまうことがありますが、ＩＢＭワトソンは一回読めば忘れることはありません。さらに、複数のＩＢＭワトソンに読んだ内容を瞬時にコピーすることができますし、手分けして本や論文を読んで後で知識を合体することもできます。いうまでもなく、人間にはそういう芸当はできません。

ＩＢＭワトソンはそのようにして膨大な知識を蓄えてきましたが、ＡＩは道具なので知識をため込むだけでは意味がなく、それを使う側の人間に対して、質問された内容を理解して的確な答えを返す必要もあります。実際、そのような方向性で開発が進められ、今では人間のあいまいな質問にも答えられるようになってきました。

その成果は二〇一一年に、非常にわかりやすいかたちで現れました。アメリカで最も有名な『ジョパディ』というクイズ番組で、ＩＢＭワトソンが優勝したのです。そこではＩＢＭワトソン用に加工されたテキストデータが用意されたようなことはなく、ＩＢＭワトソンは人間の解答者と同じ条件で、司会者の質問を見たり聞いたりして解答しています。ご存じのようにクイズの出題というのはかなり意地悪で、たとえば「日本一長い川は……信濃川ですが、二番目に長い川は何でしょう」というように、込み入った構文の質問をします。それはコンピュータが解析するには少々具合の悪いものなのですが、IBMワトソンはそのようなことには全く引っかかることなく、いやらしい質問も映像問題もきちんと理解し、答えることができました。そもそも、いざ求められていることがわかりさえすれば、そこから正答を導き出すのは人間よりもAIのほうが早いに決まっているのです。

クイズ番組で人間に勝ったということは、AIが人間の社会で使えるほどの知識を得たということです。実用面からいうと、二回目のブームで「人間がわざわざデータをつくらなくてはいけないなんて」と問題視されたところが克服できたわけで、これはこれで強力なAIだということになります。

ただし、画像認識については、もう一方のディープラーニングのAIのほうが断然得意です。病気の症状を聞いて病名を当てるとか、最新の薬を処方するといったことなら、おそらく膨大な知識を持ち、生身の人間のお医者さんよりも最新の情報に精通している

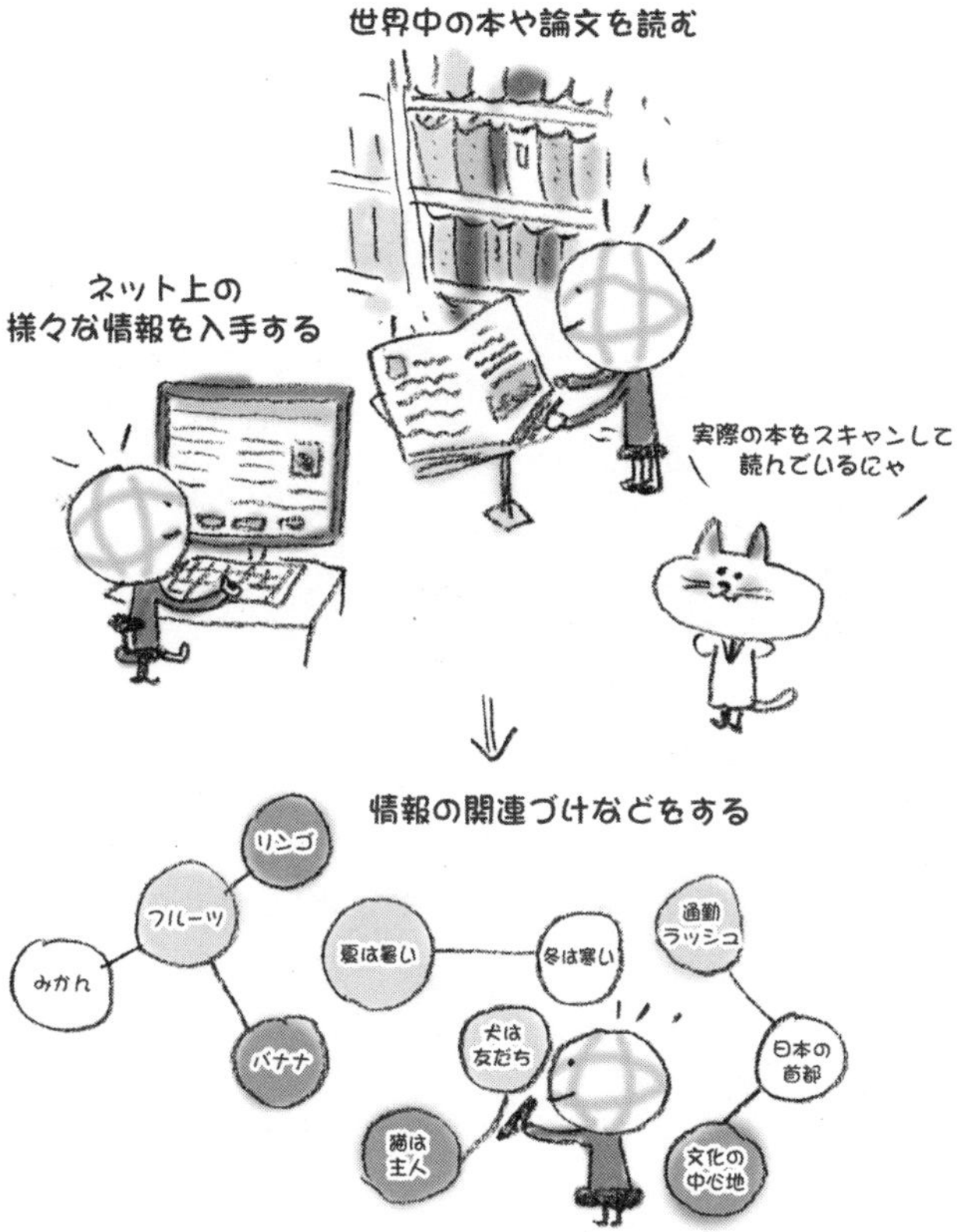
世界中の本や論文を読む
ネット上の
様々な情報を入手する
実際の本をスキャンして
読んでいるにゃ
情報の関連づけなどをする
リンゴ
フルーツ
みかん
バナナ
夏は暑い
冬は寒い
通勤
ラッシュ
日本の
首都
文化の
中心地
犬は
友だち
猫は
主人

ＩＢＭワトソンのほうが上でしょう。しかし、レントゲン写真やＭＲＩの写真などの画像認識については、ディープラーニングが非常に得意としており、病巣発見能力はもはや完全に人間を上回っています。

レントゲン写真やＭＲＩの画像は、素人が見ると、どこに病巣があるのか全くわかりませんね。小さい病巣の場合はプロでも見落とすことがあります。しかし、ディープラーニングは人間の見落とすようなわかりにくいものでもしっかり見つけ出すので、病理医の有能なアシスタントになることが期待されています。

今後、これらの二つのタイプがＡＩの二大巨頭となっていきます。

ＡＩの知能が人間を超える「シンギュラリティ」

これから、ＡＩが大きく問題になるとしたら、それは二〇四五年ごろに起こるとされる「シンギュラリティ」の時でしょう。「シンギュラリティ」は「技術的特異点」という、なんだかよくわからない呼び方をされているものですが、要するに、ＡＩがこのま

ディープラーニング

ま進化を続けていくといつか人間の知能を超えてしまい、人間の生活に大きな変化が起こるとされる地点のことです。レイ・カーツワイルという学者が言い始めたのですが、二〇四五年という時期には何の確証もなく、現在はその言葉が一人歩きしているような状況です。

シンギュラリティが起こるとする人たちの言い分は、AIがこのまま進化していつか人間の能力を超え、人間には理解が及ばないことを自分たちで判断するようになると、人間はその結果だけを「はい、わかりました」と受け入れるだけの存在になってしまう、そのようなブラックボックス化がどんどん進むだろう、というようなことです。

特に最近は、その主張の一部である「AIに職が奪われる」というところだけが変にクローズアップされています。自分たちよりも優れた得体の知れない知性が、我々に命令だけ下し、我々は理由もよくわからず受け入れるだけという状況になるのではないか。そう恐れるわけですね。

シンギュラリティ問題のときによく冗談で言われる話があります。自宅にチェスか何かのＡＩがいるとします。そのＡＩがチェスの大会に行くときに、人間が「負けるんじゃないぞ」と発破をかけると、ＡＩは「負けてはいけない」という指示を実行しようとします。「負けないということは、チェスのプレイ上で負けない以前に、相手が戦闘不能になればいい。ということは……」と馬鹿真面目に考え、その結果、たとえば「では、相手の家の電源が落ちればいいだろう」あるいは「自分の電源が落とされないように、街全体の電源を、全部自分用にキープすればいいのではないか」という答えを導き出し、実行する。そのようなことをやりかねない、というのです。

人間であれば、やっていいことと悪いことや、両者のバランスの取り方について、よほどの犯罪者は別にして、何となく無意識のうちに判断できています。しかしＡＩだと「何となく理解」ということはありませんし、そもそも命を持っていないので、命の尊さを感じることもないため、極端なことをやる可能性があるというわけですね。大げさにいえば、「自分と主人を守れれば、その結果として、他の人類は滅びていい」と考えかねない。そのようなことがシンギュラリティ派の人たちの〝脅し文句〟です。

しかし、大概のＡＩ学者はそんなことは信じていません。「ＡＩはそこまでバカじゃない」ということではなく、むしろ「そこまで賢くなれないだろう」という方向です。ロボットとしてある程度の身体性を持ったとしても、そこまで気を回してさまざまな対策を取るようなところまではいけないのではないか、と考えているわけですね。当然、人間が知識を与えるときにも予防策は入れていくわけで、まずそんなことは起こらないだろうというのが大方の意見です。

「機械が人の職を奪う」というのも、産業革命の蒸気機関の発明以来、何度も繰り返されてきた話です。西洋人は日本人に比べて、このような話に敏感なところがあります。日本の場合、技術職の仕事が機械に奪われてなくなっても、総務や営業などの別部署に回るような横の異動がありますが、西洋では職種ごとのギルドが職業のベースになっているので、一つの仕事がなくなると本当にその人の仕事がなくなってしまいます。ですから西洋では「ロボットもコンピュータもインターネットも蒸気機関も、我々の仕事を奪う」と考える傾向が強いのです。これは日本人にはあまりピンとこないことかもしれ

負けるんじゃないぞー
わかりました！

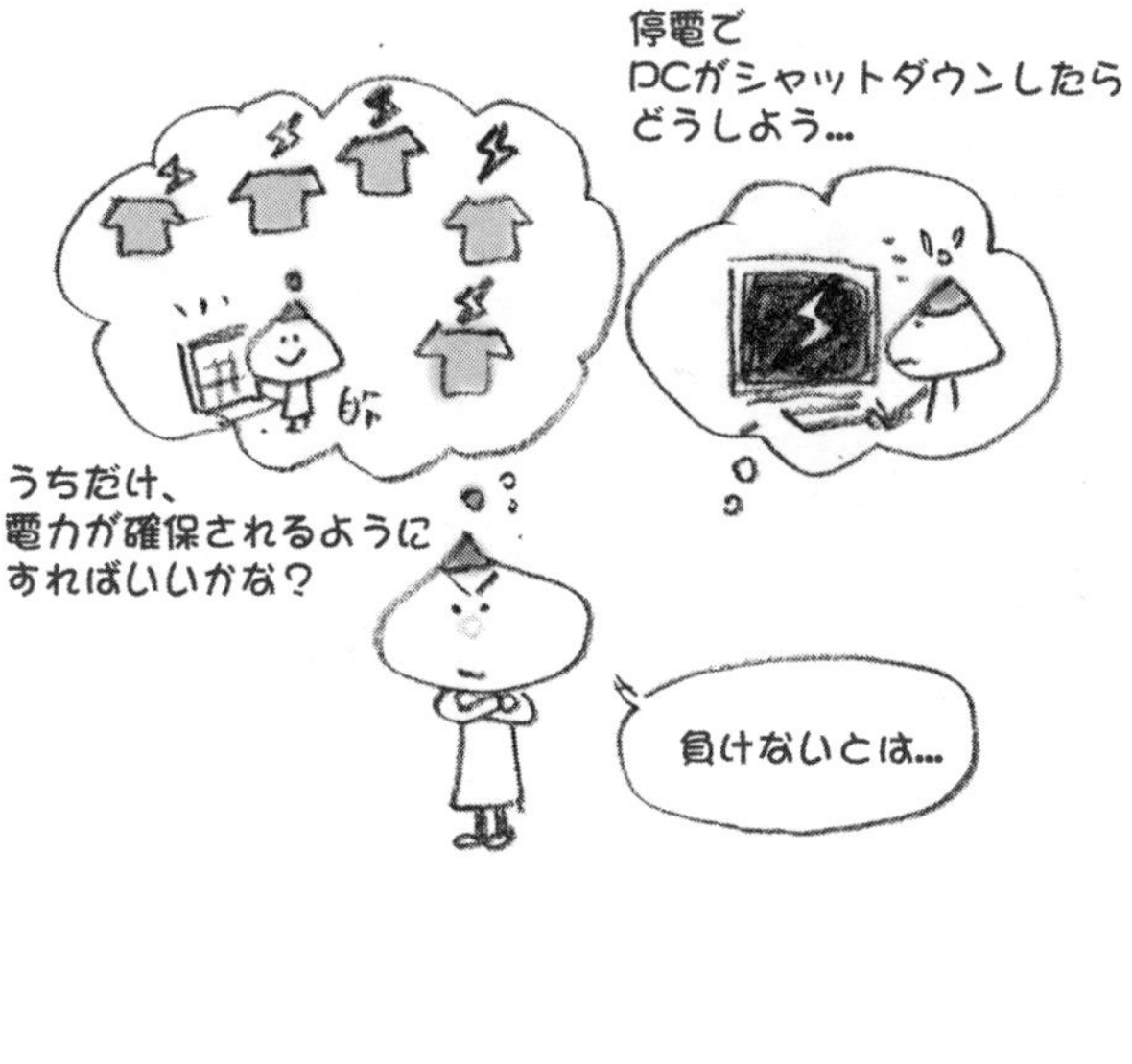
停電で
DCがシャットダウンしたら
どうしよう…
うちだけ、
電力が確保されるように
すればいいかな？
負けないとは…

ません。

囲碁の世界ではシンギュラリティが起きている

すでにシンギュラリティが起きている分野もあります。それは、囲碁や将棋の世界です。

二〇一六年にコンピュータの囲碁プログラム「アルファ碁」が韓国のトップ棋士イ・セドル（李世乭）に四勝一敗で勝ったことを覚えている方は多いと思いますが、実は最初にアルファ碁が打った手を見て、会場からは笑いが起こったそうです。「そんな変なところに打っちゃって」「まあＡＩはまだそんなものなのだろう」という失笑です。しかし、ゲームが進んで後半になってくると、人間が笑ったその一手が効いてきました。人間には最初の手の意味がわからなかったのですが、アルファ碁には先までわかっていたということです。

僕は囲碁をやらないのでどこまで正確に語れるかわからないのですが、もう少し説明してみます。囲碁というのは一般に盤面の四隅から攻めていきます。碁石を隅に打てば単純に考えると四方向のうち二方向についてだけ考えればよいわけですね。しかし、盤面の真ん中に石を置いてしまうと、四方向全てについて考えなければならなくなります。人間同士の対局でいきなり真ん中から打ち出すことはまずないのですが、それはもしかして、「四方向全てについて、あらゆる可能性を考える」のは人間の能力を超えているからではないでしょうか。だから逆に、アルファ碁が最初に真ん中に打ち始めたときに、素人の手のように見えてしまった。これはつまり、人間は脳の能力的に四隅から少しずつ絞っていく方法でしか戦えないのに対し、アルファ碁は盤面全てについて計算して考えられたということです。

今までは人間同士でしか対局していなかったので誰も気づきませんでしたが、もしかしたら、囲碁というのは人間の能力を超えている遊びだったのかもしれません。今、こうして全体を見渡せる知能が生まれ、人間が生み出してこなかった未知の手が出てきてしまったことで、そのことが何となく見えてきた。それで皆少し慌てているところなのではないでしょうか。

現在は、ＡＩの打った手をプロのトップ棋士たちが数ヶ月かけて検証するような状況になっています。ＡＩがなぜそこに打ったのか、人間はすぐには理解できません。時間をかけて検証し、後から「ああ、なるほどね」と理解する。そして、ＡＩが生み出した新しい手を、今後は人間が、人間同士の対局で用いるようになってきています。

実は、オセロ、チェス、将棋、囲碁ＡＩの中で、囲碁が最も難しく、人間に勝てるようになるまで一〇年はかかるのではないかといわれていました。将棋と異なり、囲碁はどこに打ってもいいし、将棋やチェスのように駒の役割もありません。自由度が高すぎて手の場合分けが多すぎるのです。考え得る場面のパターンは一〇の三六〇乗ほど。宇宙が始まってから一秒に一手考えたところで、まだ全ての組み合わせを試せないぐらいとんでもない場合数です。そのため、これはさすがに難しいだろうと思われていました。

そんな人間の予想に反し、アルファ碁はすでに人間の処理能力を超えた手を考え、人間に勝つようになっています。これはまさにシンギュラリティです。アルファ碁がして

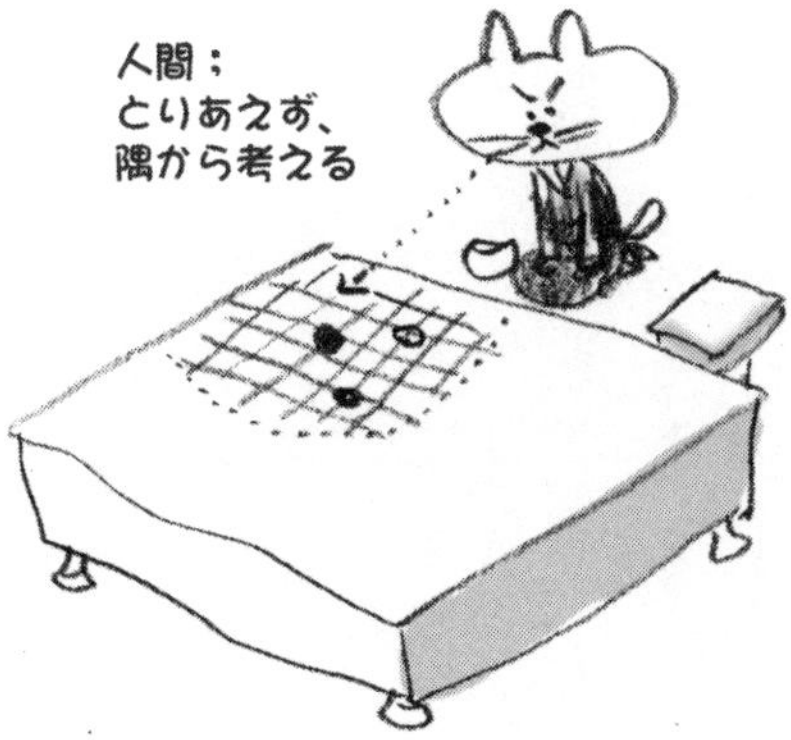
人間：
とりあえず、
隅から考える

AI：
いきなり
全体を考える

いることが人間には理解できず、トッププロたちがうんうんうなって検証し、「こういう意味だろうね」と推測する。今はそれほど人間がＡＩの後追いをしている状況です。

では、人間が理解できない領域までＡＩが進んでしまった結果、囲碁の世界では何が起きているでしょうか。アルファ碁のせいでプロ棋士がいなくなったでしょうか。あるいは、ＡＩのほうが強いなんてつまらないからと、囲碁ブームが下火になっているでしょうか。全くそんなことはありませんね。依然としてプロの棋士はいますし、囲碁人気も健在です。

「職が奪われる」とか「人間がＡＩの奴隷になる」などは少し不安をあおりすぎな気がします。少なくともシンギュラリティの起きた囲碁の世界で、そんなことは起こっていません。むしろアルファ碁の知恵を借りることで、人間の打つ手も豊かになってきています。ＡＩを人間が使いこなすことで、可能性はどんどん広がってきているのです。特に将棋は藤井聡太七段のおかげで大変なブームになっていますし、この先いくら将棋ＡＩが強くなろうと、プロ棋士たちが食いっぱぐれる時代は訪れないでしょう。

昨年、テレビの正月番組で、人間とＡＩによる囲碁のチーム戦を見ました。昔から囲碁や将棋の大会ではやっていたようなのですが、僕は初めて見て和やかさを感じ、とてもいいなと思いました。一方は高段者のプロ棋士、対局するのは、それほど段位の高くない女流棋士と囲碁ＡＩによる混合チームです。女流棋士は囲碁ＡＩと相談しながら打つ手を決めていきます。囲碁ＡＩが出した答えと自分が考えた手から打つ手を選ぶという方式だったのですが、面白かったのが、選ぶべき手を人間がよく間違えるということです。解説の人が、「ああ、せっかくＡＩがいい手を出したのに、何でそっちを選んじゃうかなー」などと言い、ＡＩの開発者も「そんな手を打つと、ＡＩが混乱してしまう」と嘆いたりして。

人間のほうは見栄や不安や迷いなどもあり、ついつい判断が鈍って間違いを犯してしまう。それに対して、ＡＩはあくまで冷静沈着。その組み合わせが絶妙で、ＡＩと人間のかかわり方の一つのよい例だと感じました。現在、「ＡＩは人から職を奪う」「ＡＩが人間社会を支配してしまう」などと、ＡＩが人間に敵対する存在として語られることが多いのですが、むしろこのような和やかな付き合いになっていくのがあるべき方向ですし、実際、そのようになっていくだろうと思います。ＡＩはおそらく、コンピュータを含むこれまでの道具の中で最も生き物的な道具になり、助言をくれたり手伝ってくれたりするパートナーのような存在になっていくのではないでしょうか。

余談ですが、人間が囲碁や将棋のＡＩに勝つパターンの多くが、禁じ手ギリギリとか、素人しかやらない作戦など、ＡＩが学習していないパターンで攻めたときだそうです。というのは、ＡＩは棋譜から学んでいますが、プロの対局の棋譜から学ぶことが多く、ＡＩが学習しているのは、いわば〝非常に正しい将棋〟だけなのです。だから、あまりに素人っぽい手やイレギュラーな手を打たれると、予測している状況が一変するため混乱してしまうのです。人間はその隙《すき》をうまく突く作戦を仕掛けて、ＡＩに勝っています。

人間が教えない「教師なし学習」モデルの強さ

アルファ碁は、これまでアルファ碁ファン、アルファ碁リー、アルファ碁マスター、アルファ碁ゼロという四つのヴァージョンがつくられ、現在のアルファ碁ゼロは四代目です。当然四代目が一番強いのですが、これまでと大きく変わった点があります。

アルファ碁は先ほど書いたように、人間の棋譜を勉強していきます。囲碁の棋譜は一六万局ほど残っているそうで、それを全部学習します。人間にはこれだけでアップアップなのですが、ディープラーニングの場合はこれでは足りません。ではどうするかというと、アルファ碁同士で対局していくのです。「自分と切磋《せっさ》琢磨する」という方法は、人間にはとても思いつきませんね。そもそも、そんなことはやりようがないわけですから。しかし、AIは機械なので複数存在させられます。AIの学習には少しゆらぎがあるため、同じAIだからといって完全に同じ答えが出てくるわけでもないので、自分同士で対局する意味があります。いわば、自分で棋譜をつくり、つくりながら学習しているということです。アルファ碁が学習した棋譜は三〇〇〇万局面。これは人間が生まれ落ちた瞬間から一睡もせず、食事もせずにやっても間に合わない分量です。グーグルの巨大なコンピュータがあったからこそできたことです。

また、二代目までのアルファ碁は「教師あり学習」といって、まず棋譜を使っていろいろな局面について正しい打ち手を学習していく方法を採っていました。しかし、四代目のアルファ碁ゼロでは、模範解答を使わず、一から自分で学習していく方法が採られました。「一から」というのは、囲碁のルールも教えないということです。囲碁は白黒どちらの陣地が大きいかで勝敗が決まるので、結果（勝敗）については、数えていけばわかります。そのほか、いくつかある禁則だけは教え、あとは定石《じょうせき》も何も一切教えないという方法です。

この学習法は教師データを必要としないことから「教師なし学習」とよばれます。行き当たりばったりで、結果オーライで考えるということですね。「教師なし学習」の代表が「強化学習」です。

「強化学習」を簡単に説明すると、事前にあまり考えず、サイコロを振るようにしてやってみて、たまたまよければそれを覚え、だめだったら忘れていくということを延々と繰り返しながら学習していくものです。たとえば、山登りをしているとしましょう。目

自分同士で対戦できるのは
コンピュータ・プログラムならでは

標は頂上にたどり着くことです。ただし、山頂までのルートにはたくさんの分かれ道があります。一方は山頂に続き、他は行き止まりになっています。どちらに進むのが正解かは事前にはわかりませんから、最初は適当にルートを選ぶことになります。

選んだルートが行き止まりだったら分岐点までもどり別のルートを選ぶ。これを繰り返すことで山頂に到達できます。二回目からは、迷わず山頂にたどり着けるようになります。つまり、正解へのルートを見つけ出した（学習した）ということになります。

ざっくりいうとこうした学習方法です。なんだか原始的なアルゴリズムのような気がするかもしれません。

しかし、人間が例題とその模範解答を教える（正確には、このセットが「教師信号」です）という「教師あり学習」は、教える先生の力量に左右されてしまう恐れがあります。また未知の世界、たとえば火星とかに行った場合、どう行動するのが正解なのか、あらかじめわからないような場合があります。こうしたときには「教師あり学習」は役に立ちません。指示を仰がなくても、自分で試行錯誤しながら学習していく「教師なし学

正解は
どっちだろ？
右に進む
左に進む
STOP
END
元の分岐にもどる
試行錯誤の結果、
ゴールにたどり着く
……

習」のほうが有利です。

教師が必要なくなったということは、極端にいえば、もう人間が必要なくなったということです。アルファ碁の四代目のアルファ碁ゼロは、先に書いたように人間の棋譜を使って学習していません。囲碁のルールも定石も教えられないまま、自分同士で囲碁を学んでいく強化学習方式を採っています。そしてアルファ碁ゼロは、初代のアルファ碁と二〇〇局対局し、二〇〇勝しています。つまり、人間が積み重ねてきた棋譜、将棋はこうするものだという人間のルールが、精度の高い学習にとっては邪魔になるということです。「教師あり学習」より「教師なし学習」のほうがよい成果を出してしまったのは、少しショックな話ですね。

そうはいっても、「アルファ碁」は囲碁に特化したAIで、碁がいくら強くても将棋では勝てないじゃないかとか、碁のルールが変わってしまったらもう一回やり直しになるんじゃないかなどと揶揄《やゆ》する人もいます。実際その通りで、将棋AIにしてもチェスAIにしても、少しでもルールが変わると、もう一回一から学習しなければいけません。

しかし、アルファ碁ゼロの進化版で、アルファゼロというモデルが出てきました。これは囲碁に限らずチェスでも将棋でも学習できます。ターゲットがどんなルールであろうと、「教師なし学習」で人間が教えることもないので、AIはやりながら覚えてしまえるわけです。この先、アルファゼロであれば、問題に特化する必要などありません。もちろん将棋を覚えるときには将棋ばかりやって覚えていくわけですが、ゲームごとに、別のAIをつくる必要がなくなりました。ただし、どんなゲームでも学習できるわけではありません。

これまで出てきた囲碁や将棋、チェスなどの、相手の手が全て見えるタイプのゲームを「完全情報ゲーム」といいます。それに対して、トランプや麻雀《マージャン》のように相手の手の一部が見えないタイプのものは「不完全情報ゲーム」といいます。アルファゼロが学習できるのは、完全情報ゲームについてのみです。不完全情報ゲームであるポーカーにおいても、一部のルール（二枚だけ場に見せておくタイプ）においてはAIが勝ち始めています。AIはどんなに記憶力のよい人間よりも、相手が捨てたカードを完璧に覚えていられるので、当然のことかもしれません。

しかし、囲碁でも将棋でもそうなのですが、ＡＩの強さの理由は計算量だけではありません。感情がないということが、実はとても大きいのです。人間はつい「こんな手を打ったら笑われるんじゃないか」と躊躇《ちゅうちょ》したり、「この手を打ったら負けるかもしれない」と不安にかられたりするのですが、ＡＩはいちいちそんなことは考えませんし、感情が揺れることもありません。ただただ、自分の出力した答えの通りに打っていくだけ。オリンピックで優秀な選手が思わぬ負け方をするのは、プレッシャーなどメンタル面の理由が大きいですが、ＡＩにはそれがありません。ＡＩの将棋が「強気の将棋」といわれるのは、人間のようなメンタルを持ち合わせていないことが理由なのです。それはある意味命を持っていないものの強みといえるかもしれません。

また、ＡＩには「やる気」がありません。人間が勉強しろといわない限り、何もしません。自主的に勉強していこうと張り切ったり、次にこれをやろうと楽しみにしたり、こういうところを直していこうと気を引き締めたりなどという意思や意欲は全く持ち合

恥ずかしがらない
強気な将棋
だなー
怖がらない
不安にならない
トゥッ
緊張しない

わせていません。多くの学者がシンギュラリティに対してそれほど心配していない根拠はそこにあります。ＡＩが自分から率先して、人間を支配しようと考えるようなことは、まず起こらないだろう、ということですね。

ただし、危険があるとすれば、悪意を持った人間が、悪意のあることを教えたときに、どうなるかということです。それはＡＩに限らず、包丁一つでも起こることですが、そのような危険性は当然あります。でも、その場合、怖いのはＡＩではなく人間ということになりますが。

第二章　ＡＩは万能じゃない⁉

「特化型ＡＩ」と「汎用型ＡＩ」

ＡＩには大きく分けて「特化型ＡＩ」と「汎用型ＡＩ」があります。「特化型ＡＩ」というのは、画像を認識するだけのもの、会話を生成するものといったような、機能を限定したＡＩをいいます。それに対して「汎用型ＡＩ」というのは、喋《しゃべ》れもすれば本も読める、将棋も打てれば料理もできる、人間のように多種多様な作業をする知能を持つＡＩをいいます。

「ロボットは東大に入れるか」という国立情報学研究所のＡＩ研究開発プロジェクトがありましたが、東京大学に合格するレベルの知能（そのレベルの入試問題を解ける知能）の開発を目的とした「東ロボくん」は、特化型ＡＩの代表格のようなものです。東ロボくんは五年のプロジェクト中には東大合格までの〝学力〟は持てませんでしたが、その

後も し東大に受かるレベルに達したとしても、東大に行くことはできません。東ロボくんは勉強はできても、自宅から東大まで行く経路を見つけたり、電車の乗り方を学んだりすることはできない特化型のＡＩだからです。

人間というのは普通に生活していれば移動もできるしご飯も食べられます。水道を捻《ひね》ったら閉めなくてはいけない、ということも知っています。皆、それを当たり前のこととしてやっているから気が付きませんが、実はこれはすごいことです。ＡＩは今はまだ特化型のものしかできていないので、ある分野では高い能力があっても、それ以外のことはできません。アルファ碁だって、囲碁ができても将棋はできません。ルールが少し変われば全てダメになってしまうくらい、能力を発揮できる範囲は狭いものでした。

そのようなタイプのＡＩでは、用途ごとにいちいち別のＡＩをつくらなくてはなりません。だから当然、特化型のＡＩではダメなのではないか、という議論が出てきます。やはり目指すところは、「全能アーキテクチャ」といわれる人間（生物）のように、世界に関わるあらゆることに対して判断したり推測したりできるＡＩだろう、と。日本人

昼はカレーにするかな
次は
〇〇駅
人間ってスゴイなー
お、次
降りなくっちゃ
この話、
面白いなー

は特に鉄腕アトムのイメージがあるので、その意識は強いと思います。

アメリカでは家電の進化は、携帯電話にしても自動ドアにしても、多くが「スタートレック」に出てくるアイテムをモデルにしています。「スタートレック」を見て憧れた技術者がそのような家電をつくってきたわけですね。それと同じように、僕くらいの世代の日本のＡＩ研究者は、鉄腕アトムをつくることを目指しているといえます。とはいえ道半ばでまだ全然できていませんし、ＡＩが汎用的な全方位の知能を持つのは難しいと考える学者も少なくはありません。

人間の無意識部分をＡＩは感知できない

全能アーキテクチャーを目指して頑張っていても現状ではまだまだです。その原因の一つが「フレーム問題」です。「フレーム問題」というのは一九六九年に哲学者ジョン・マッカーシーが提唱した問題で、半世紀たった今も、まだ解決できていない深刻な問題です。

電車が止まったらどうしよう…
全面運休
大雪だったらどうしよう…
宇宙人が攻めてきたら
どうしよう…
大地震が来たら
どうしよう…
寝坊したらどうしよう…
ゴホ
ゴホ
風邪引いたらどうしよう…

これはどのようなものかというと、たとえば、数日後に大切な用事があるとします。私たちは事前に「電車が止まったらどうしよう」とか「台風が来たらどうしよう」「熱が出たらどうしよう」など、さまざまな可能性を頭に浮かべ、それらを考慮して「このくらいの時間に家を出よう」「天気予報を確認しておこう」「体調管理に気をつけよう」などと対策をとろうとするでしょう。しかし、「宇宙人が攻めてきたらどうしよう」「東京に超大型地震が来たらどうしよう」といったことまでは考えませんね。人間は無意識のうちに、実際に起こりそうなことと、まず起こらないだろうことに境界線を引いているのです。

AIにはその線引きができません。人間が本能的にしている線引きに何か共通のルールがあるわけではないので、人によって線を引く位置は違います。だから、想定する範囲が広すぎる人は心配性だと言われ、想定する範囲が狭すぎる場合は、ちょっと考えが足りない人だといわれてしまうわけです。このように基準がないものはAIに教えることができないので、AIは今も線引きができないのです。

ではＡＩはどうするか。ＡＩはなまじ記憶力がよいので、これまで教えられてきた「こういうときはこうしなさい」「こうなったらこうして……」ということを全て覚えています。その全てを羅列し、全ての可能性について、どうすべきかを考えます。その結果、場合の数が爆発的な数になり、時間までに答えを導き出すのが間に合わない、ということが起こります。つまり、想定する範囲が広すぎて、何も決定できずに終わってしまうのです。

「時限爆弾のジレンマ」をご存じでしょうか。時限爆弾を処理しなければならないとき、残り時間が有限なのに、時限爆弾とはどういうものかから始まり、処理の仕方や、それをどう運ぶか、誰かを犠牲にしなくてはならない場合はどうするか……といったあらゆることを考えて何もできないでいるうちに、時間が来て時限爆弾が爆発してしまう、という話です。ＡＩではそのようなことが実際に起こってしまうわけです。しかもＡＩが賢くなればなるほど想定範囲が広くなり、問題はより深刻になります。それにもかかわらず、教師側である人間の方でもまだ、どのように線引きを教えればよいかがわかっていないという状況です。

本書の冒頭で、一九五六年のダートマス会議当時は人間の認知に対する理解が低かったので、ＡＩがあっという間に人間の知能に達するだろうと楽天的に考えられていた、と書きました。それが半世紀たった今では、人間に追いつくことは相当難しいと考えられるようになっています。

これはＡＩがダメというより、逆に人間がすごいのだということもできます。私たちの脳は全ての状況を想定することなどできないので、考えなくてよいことを無意識に間引けてしまいます。ＡＩの研究が進めば進むほど、人間があまりあれこれ考えずに、フッとそれをできてしまうことがいかにすごいことなのか、それを論理的に組み立て直して機械に教えることがいかに難しいことなのかがわかってきました。ＡＩが追いつくかと思うと、人間のすごさがもっと見えてきて、また引き離されてしまう。今、ＡＩ学者はそんな蜃気楼《しんきろう》を追いかけるような状況の中にいます。

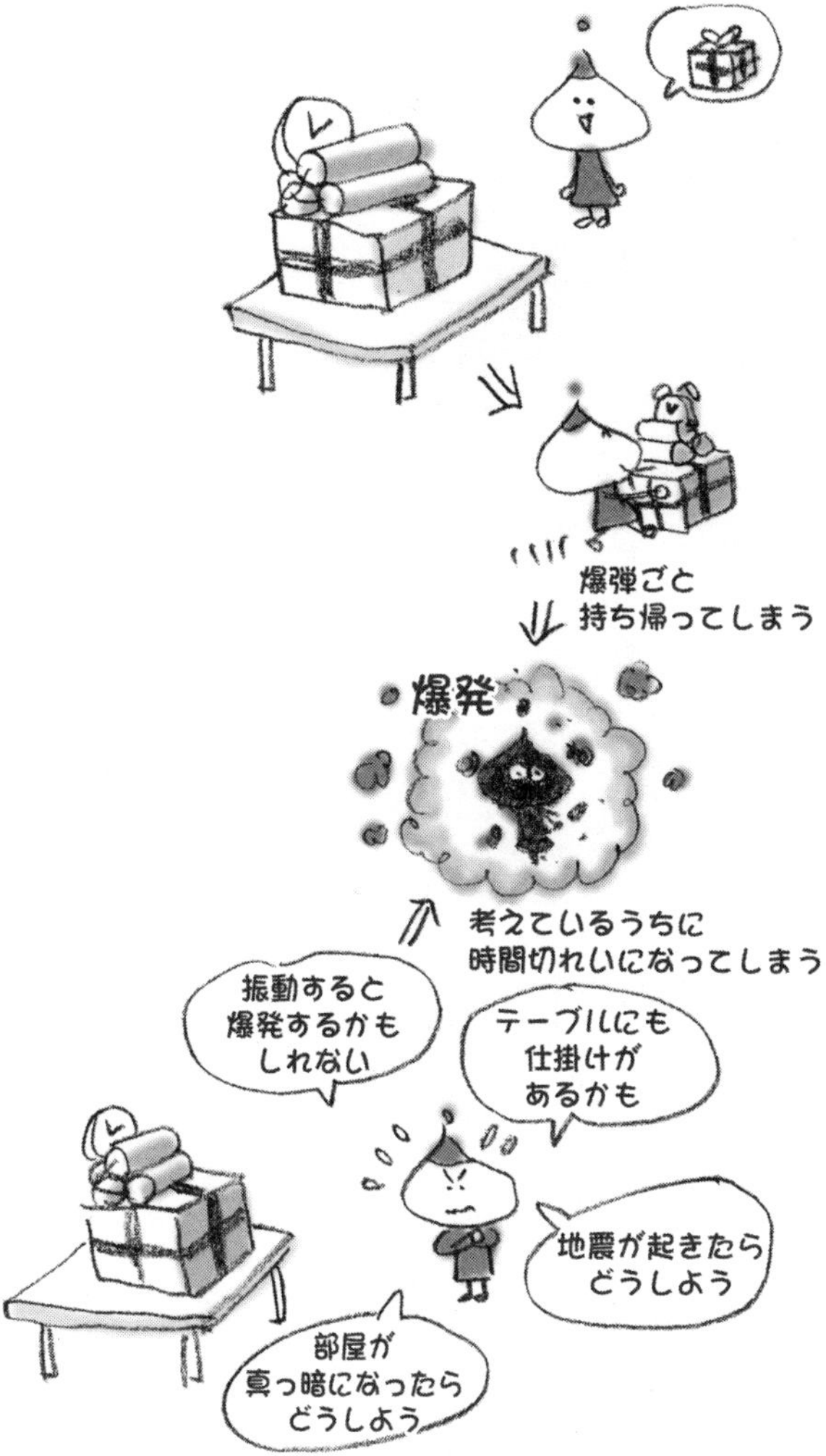
爆弾ごと
持ち帰ってしまう
爆発
考えているうちに
時間切れいになってしまう
振動すると
爆発するかも
しれない
テーブルにも
仕掛けが
あるかも
地震が起きたら
どうしよう
部屋が
真っ暗になったら
どうしよう

AIには閃《ひらめ》きがない

人間の知能に及ばないこと、として、ほかにAIには「直感」や「大局観」を持つのが難しいという指摘があります。これは将棋AIでいわれることですが、人間の場合、論理的によい手を考えつけるほかに、「何となくこれがよさそう」と直観することがあります。羽生善治《はぶよしはる》さんの言葉をかりると「頭の中に光っている将棋盤があり、それを見に行くと、その手がある」というようなことです。

羽生さんは打つ手を考えるとき、頭の中に、打ち手のバリエーションの数だけ並んでいる将棋盤が瞬間的に浮かぶのだそうです。それを見ていると、その中に光っている盤が見つかる。それを見て、残り時間は本当にその手でよいかどうかの検証に使う。そう羽生さんはいっています。

一般的な将棋AIではそうしたことは起こりません。打ちうる手、それぞれの評価点を計算して、もっとも評価点の高い手を選ぶ方法が一般的です。

ほかにも人間には、「全体の雲行きがなんとなく怪しい」とか、「なんとなくいい感

どの手がいいか
盤が光って教えてくれる

じ」という、評価点としては表れない予感めいたものや、大局観のようなものを持つことができます。プロになればなるほど、直近の手に即した細かい作戦より、全体の流れや、ぼんやりとした全体のかたちから見ていく「大局観」を持てるようになるといわれます。人間自身がどのようにして大局観を持つのかまだわかっていないので、ＡＩが大局観を持つことはできません。

閃きや直観というのは、その人の常識のフィルターが抑え込んでいる無意識の結論が出てくるのではないか、という説があります。「それは常識的にはないだろう」「そんなことを言ったら笑われるかもしれない」というような抑制が働いて、普段は意識の表面に上らせないのです。しかし、散歩や入浴中に常識フィルターが弱まったときや、夢の中では、ふっと表に出てくることがあるわけです。

たとえば、ケクレという化学者が「ウロボロスの蛇」の夢を見たことから、ベンゼン環の構造を発見したエピソードがよく知られています。一九世紀に見つかったベンゼンという化合物に関して、実験的に炭素が六個とわかっているのに、それがどういう構造なのかわからない。その研究に行き詰まっていたときに、ケクレは自身の尻尾を飲み込んで輪っか状になった「ウロボロスの蛇」の夢を見てインスピレーションを得、ベンゼンが環状構造を持つことを発見した、という話です。炭素が輪をつくるなんてありえないと考えていたけれども、常識のフィルターが緩んだところで、抽象化された形で夢に登場したということでしょう。ベンゼン環の発見により、その後の化学は飛躍的に発展しました。

この夢の話は必ずしも事実かどうか怪しいという説もあるようですが、散歩中や入浴中あるいは睡眠中に画期的なアイデアを思いついたという逸話はたくさんあります。このように人間の神秘的な部分はモデルにしにくく、今はせいぜいＡＩのプログラムの各所に乱数を加えるくらいのことしかできません。

似たようなところでは、「うっかり」「なんとなく」というのもＡＩにはできないことです。「うっかり」というのは学校教育の中ではいけないことのように扱われますが、クリエイティブの世界では意外と大切で、科学の世界ではうっかりミスによる失敗が大発見につながることはよくあります。「ぼんやり」「うっかり」「なんとなく」、その辺りのことが常識の壁をブレイクスルーする一つの力になっているのではないかと個人的には思っているのですが、さて、それをどうＡＩに組み込んだらいいのか、さっぱり見当も付かない状況です。ＡＩに発想を飛躍させることを目指した研究も行われているのですが、その仕組みは人間の脳の仕組みとはかなり違います。

第一章で人間の脳をモデルにしたＡＩの話をしました。人間の神経細胞（ニューロン）はお互いに結合していて、バケツリレー式に電気信号を送っていきます。一つのニューロンはたくさんのニューロンとつながっており、それらから電気信号を受け取ります。その信号を合算した量が閾値《しきい》を超えると、そのニューロンは興奮して、つながっている先のニューロンに電気信号を送ります。

生き物のニューロンは、それ自体が細胞であるため、興奮が続くと疲れてしまったり、本来と違う値の電気信号を発したりします。いわば、ノイズが生じるわけです。すると、本来なら閾値を超えないはずの量の興奮でも、閾値を超えてしまうケースが出てきます。

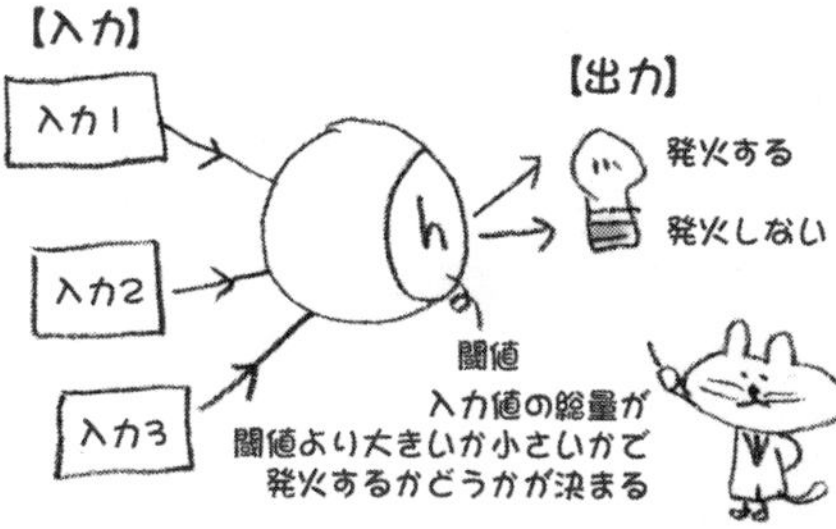
【入力】
入力1
入力2
入力3
h
【出力】
発火する
発火しない
閾値
入力値の総量が
閾値より大きいか小さいかで
発火するかどうかが決まる

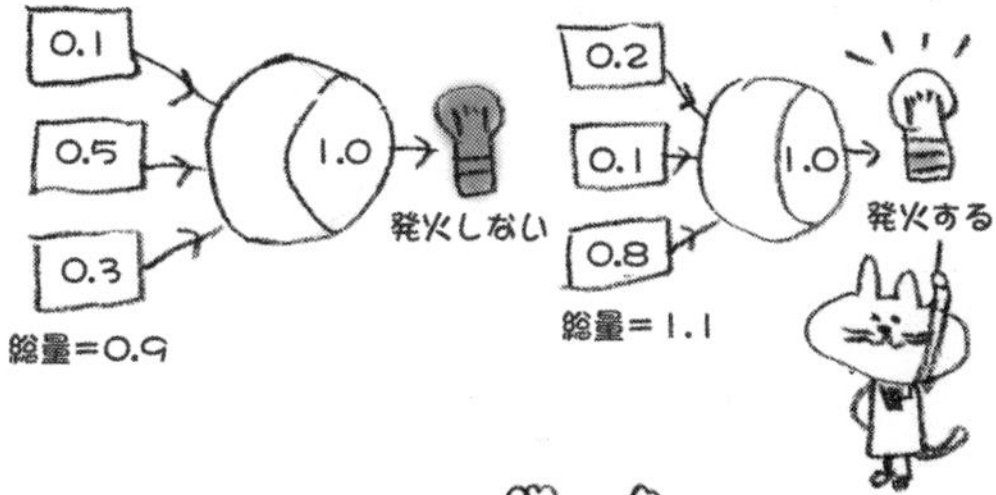
0.1
0.5
0.3
1.0
発火しない
総量=0.9
0.2
0.1
0.8
1.0
発火する
総量=1.1

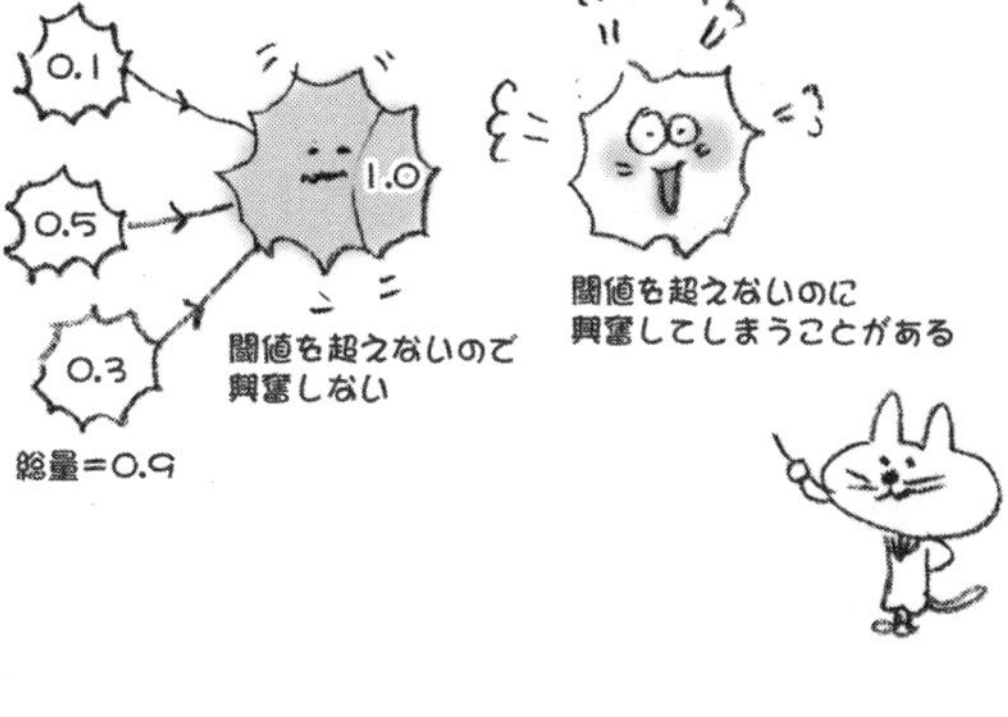
0.1
0.5
0.3
1.0
閾値を超えないので
興奮しない
総量=0.9
閾値を超えないのに
興奮してしまうことがある

人間の閃きというのはそのようなところから起こるのではないか、と考える研究者もいます。人間の生き物としての限界がインスピレーションを生む仕組みに関わっている可能性があるというわけです。

それに対してコンピュータでは、大脳生理学的な見解を数理モデルにしたものなので、そんなノイズは出てきませんし、コンピュータに乱数を入れても、あまり良い結果は出てません。そのため現状では人間の脳細胞にあたるもの、ＡＩではそれをユニットと呼びますが、そのユニット数を増やすことで補おうとしています。

とはいえ人間の脳細胞は一〇〇〇億個あるといわれるのに対し、大規模なディープラーニングのコンピュータは数百万個。まだまだ人間とはレベルが違います。

しかし、それはあくまで現時点の話で、やがてコンピュータの計算能力がアップすれば、ＡＩは、人間並み、あるいはそれ以上のユニットを持つことができるようになるかもしれません。

量が質を変質させることはよくあります。今、その変質が起きていないのは、コンピユータがまだ脳細胞よりも圧倒的に数が少なく、単純に処理が間に合っていないからだと考えられます。現在のノイマン型のコンピュータでは無理かもしれませんが、量子コンピュータが実用化されるようになれば夢物語ではなくなるでしょう。

会話はとても難しい

ＡＩが人間と会話するときに問題となることとして、「時間的な概念が持てない」ということも挙げられます。一問一答でやりとりすることはできるので、お客様サポートのように話の内容が限られている領域の中では、聞かれたことにきちんと答えられます。しかし、「そうそう、さっきの話だけど……」などと言われた途端に、ＡＩにはもうわからなくなってしまいます。

人間は相手に「さっきの話だけど」と言われたとき、これまで自分たちが話したことのある全ての話題を参照しながら、「さっきの話」を見つけ出すわけではありません。人間は無意識のうちに過去の記憶を並び替えて間引き、あの辺りのことを聞こうとしているのではないかと推測し、文脈的に「最初の雑談のときのラーメンの話だな」などと当たりをつけるわけです。もちろん外れることもありますが、皆さんも会話の中ではそうしているはずです。

しかし、ＡＩは生真面目《きまじめ》に全てを記憶（記録）しているので、付き合いの長い人が相手であれば、数年、十数年分、あるいは何十年分の全ての会話の中から、「さっきの話」との関連性を探すことになります。しかも、重要な仕事の話も、人間ならすぐに忘れるようなどうでもよい雑談も、ＡＩには全てが等価なので、ますます探すのが大変です。ＡＩにわかるようにいうには、「さっき」ではなく「一五分前くらい」と指定しなくてはなりません。

また、人と話していて、「どうしてこの人はこの話ばっかりしているんだろう？」と思うようなことがあると思いますが、そのとき人間は、この人が今話していることと過去に話したことには何か関連があるのだろうかと考え、過去の話や相手の性格とつなぎ合わせて話の意図を読み取ろうとします。

お客様相談
内容についての
質問かな?
金額についての
相談かな?
リスクについての
質問かな?
あらかじめ、
どんな会話になるか
内容が絞れるんだな

さっきのあの話
だけどさー
「さっき」って
何分前のこと?
「あの」って
なんのこと?
誰に向かって
話してるんだろ?
雑談って
意外と
難しいんだなー

人間は特別なトレーニングなどしなくても、そういうことができてしまいますが、実はそれはかなり高度なことです。ＡＩモデルでも過去を参照して学習するモデルが出始めていますが、まだ十分な能力ではありません。

しかし、人間のように絶妙なフィルタリングは、そう簡単には実現しないでしょう。

ＡＩにも言葉の壁が

ＡＩが日常生活に入ってくるようになれば、人間と自然な会話ができることが求められますが、ＡＩにとってそれは大変難しいことです

今は多くのゲームが海外での発売も前提としているので、ゲーム内での会話を生成したら販売先の国に合わせてローカライズします。このとき、ＡＩによって言葉を生成するとすると、言語ごとにほぼ一から作り直しになります。そう説明するととても驚かれるのですが、会話をするＡＩ、これを「自然言語処理系ＡＩ」といいますが、自然言語処理ＡＩの学習は、言語にとても依存しているので、学習過程において言葉の壁が意外

に高く、言語が変わると途端に通用しなくなるのです。最近は音声できちっとしゃべれるＡＩが増えているので、人間との会話は実現目前の技術に思えるかもしれませんが、そう簡単にはいきません。

特に日本は島国で、これまで他国の言葉の影響をあまり受けなかったためか、日本語はとても不規則な言語になっています。主語を必要としないところも単純な翻訳を妨げますし、文字もカタカナ、漢字、ひらがなと三種類もあります。さらに、単語と単語の区切りを空きスペースなどで区切らないため、「ぎなた読み」の問題もあります。ぎなた読みというのは文章の区切りを間違えて読むことで、「弁慶が、なぎなたを持って」と読むべきところを「弁慶がな、ぎなたを持って」と区切りを誤って読んだことが由来とされる問題です。たとえば、「ここではきものをぬいでください」とあったときに、「ここでは、着物を脱いでください」なのか「ここで、履物を脱いでください」なのかを判断するのが難しいのです。「せいじかのおしょくじけん」は「政治家の汚職事件」に決まっていて、「政治家のお食事券」ではありませんが、それも小さな子どもにはわかりません。

英語の場合は単語と単語の間にスペースが入るのでこういう問題は起こりませんが、日本語には句読点しかなく、ひらがなかカタカナだけで書かれた場合、単語の区切りが非常にわかりにくいのです。小学校一年生の教科書では、語の間にスペースを入れて分かち書きにされていますが、そこからも漢字を使わないで書かれた日本語を読む難しさがわかると思います。

そういった文から意味を読み取るときには、一般常識と照らし合わせて、瞬時に「お食事券ではなく汚職事件」と判断し、「海にいるか」と書かれていれば「海にいる蚊」ではなくて「海にイルカ」だと、やはり常識から判断します。膨大な一般常識のバックボーンを持たないと漢字変換すらできないわけです。

もう一つの難問は、「ボールペン持ってますか?」という質問の意味は何か、というようなことです。誰でもボールペンの一本や二本は持っていますが、質問者はボールペンを保有しているかを聞きたいのではなく、「ボールペンを貸してください」といいた

or
ここではきものをぬいでください
?

ねえ、ペン持ってる?
ペンは5本持ってます
ゴソゴソ
そういうことじゃなくって…

いわけですね。普通に常識のある人なら「持っています」と答えず、「ええ、貸しましょうか」とか「すみません、持っていません」などと答えます。「パソコンを落としておいてください」というのも、文字通りガッシャーンと落とすのではなく、パソコンの電源を落としてください、という意味ですね。そのような意味的な飛躍や語の省略も、AIには理解が難しいのです。

これらに加えて、日本語では同音異義語の多さなど、さまざまなことを考慮に入れなくてはならず、AIが学習したり認識したりするのがとても難しい言語です。

話題の範囲が狭いコールセンターでの受け答えであれば、人間があらかじめ質問内容等を想定し、解答例のデータベースをつくって与えることができます。しかし日常会話の雑談となると、ラーメンの話からプロ野球の話まで幅広くなるので、AIだとお手上げのところがあります。何しろ人間がある程度の年齢まで生きてきたら、経験から蓄積される知識は膨大な量になりますし、一般的に常識とされている範囲についても人間はしっかりわかっています。今のところAIにそういった全知識を教えられるデータベースはありません。

もちろん関連語についてはしっかりしたデータベースがつくられています。「京都」であれば「近畿地方」「奈良」「日本の古都」など、直接的に関係する地名や知識は、すでに紐《ひも》付けられているものがあります。しかし、「京都」と聞いて「修学旅行」「自分探し」などとイメージするような、直接は関係ないけれどもよく紐付けて使われる言葉や概念（オントロジーといいます）まで関連付けることは、ＡＩはまだ苦手です。

そもそも人間が一つの言葉から想起する範囲はもっと広く、それゆえ会話は豊かなものにもなるのですが（春先なら「京都……、そろそろタケノコの季節だね」となりますね。季節によってもイメージされる言葉は異なるなど、人間の持つバックグラウンドの知識は膨大です）、そういうオントロジーまでデータベース化すること自体がそう簡単ではありません。たとえば、「リンゴ」であれば「果物」「赤い」「青森県」といった一般常識は関連付けられます。しかし、関連語、類似語から飛躍させてアダムとイブの話まで関連づけるとすると、言語全体では一体どれだけの組み合わせを覚えさせればよいのでしょうか。

自然言語処理系ＡＩをローカライズするときの言葉の壁の高さは、このようなところにもあります。それぞれの国でバックグラウンドに持っている知識も文化も違えば、ある言葉のオントロジーも異なります。価値観も異なり、日本的な奥ゆかしさは有効ではなくなるし、逆に西洋ならではの合理性は入っていなかったりします。何気ない普段の会話の背景にはそういった文化の違いがあり、そこまで入れなければ自然な日常会話ができるＡＩはつくれません。人間はそこをやすやすとできてしまうので、その難しさには気がつかないのですが、専門的な会話をするより何気ない会話の方がよほど難易度が高いのです。オントロジーのデータベース化が簡単ではないことは、そのような理由からなのです。

データベースをつくる作業は、どこかが日本語のデータベース化に真剣に取り組んでくれれば解決するかもしれませんが、おそらく日本の学者だけで進めるのは難しいでしょう。少なくとも生のデータを手作業で進めていくのは無理がありそうなので、どう自

【関連語】

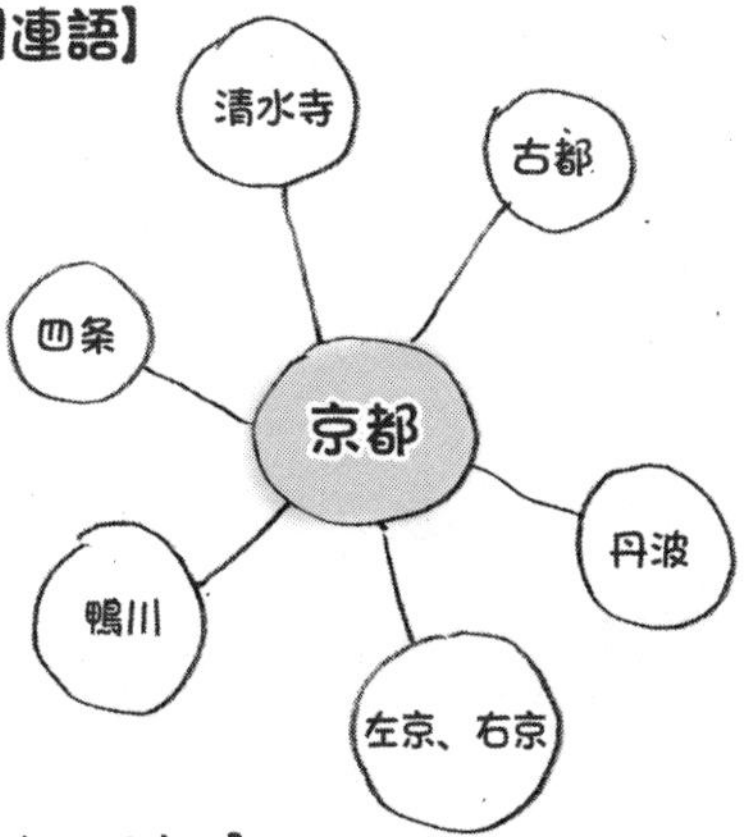

【オントロジー】

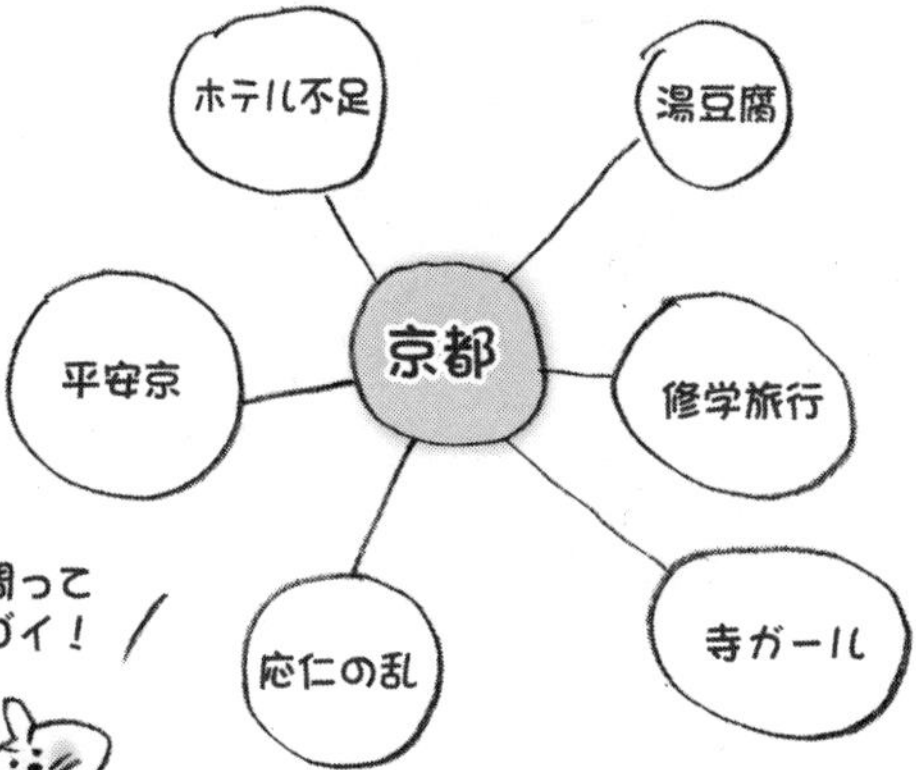

動化するかが鍵《かぎ》になりそうです。

ちなみにグーグルは二〇一八年、インターネット上で遊ぶ「Semantris」という言葉の連想ゲームをリリースしました。そこには、多くの人にゲームで遊んでもらうことにより、自動的にオントロジーのデータベースづくりを進めていこうという意図があるのかもしれません。

嘘《うそ》もつけない、見破れない

会話を成り立たせる要素の一つともいえる、嘘をつくことや嘘を見破ることは、どちらもＡＩにはできません。

「人狼《じんろう》」というパーティゲームをご存知でしょうか。プレイヤーは「村人」と「村人に化けた人狼」に分かれます。それぞれが自分の正体を隠し、言葉をやりとりする中で嘘をつき、騙《だま》し合いもしながら、相手の正体を見破っていくというゲームです。今のところＡＩは、このゲームではほとんど人間の相手にはなりません。

二〇一五年に「人狼」に勝てる自然言語処理系ＡＩの開発をめざす「人狼知能プロジェクト」が発足しました。これまでの自然言語処理系ＡＩが目指してきたのは、正しい日本語を書ける、正しい日本語を話せることで、今ではおおよそ正しく日本語を理解できるところまできています。しかし、人間の日常生活では正しい日本語ができればすむかというと、必ずしもそんなことはありません。実際には忖度《そんたく》したり嘘を見破ったり、あるいは「その服、お似合いですよ」と〝よい嘘〟をついたりなど、その言葉が本来表現している意味とは違う解釈や心がけをすることが、日常のコミュニケーションをスムーズにしているところがあります。正しい日本語を使えるかどうかよりも、むしろそちらの要素の方が大切かもしれないぐらいです。

このような状況では、正しく日本語を使えるだけのＡＩは、人間でいえば「空気の読めない人」ということになります。本当はそうは思っていないけれど、その場をどうにかしようとして「うーん、そうねえ」と誤魔化すとか、あいまいにしておくようなことはとても苦手です。現在は人狼ＡＩをはじめ、実際の人間の日常生活の会話を〝正しく〟理解できるＡＩの研究も始まっています。

ちなみに、アップルのデバイスに搭載されているＡＩアシスタント「シリ」が、何か変なことを言った後で「今のは冗談です」と付け加えたりしますが、あれは冗談の面白さを理解して言っているわけではなく、雰囲気を出すための演出として付け加えられているもので、人狼ＡＩ等が目指しているものとは異なります。

これまで見てきたように、ＡＩは今のところ人と自然な会話ができず、飛躍的なアイデアも生めず、ワープロと計算機の能力以外では人間の能力を飛び越すところまではいっていません。人間並みになるには、まだクリアしなくてはいけない問題が数多く残っています。

AIはもう先生がいらない自習プログラムである

ＡＩはプログラムの一種ですが、ＡＩといわゆるコンピュータのプログラムとの最大の違いは、「ＡＩは自分で学習できる」というところです。一般のプログラムは「もしこういうときは○○」「こういうときは○○」とif文で書かれているので、教えられていないことを推論することはしにくいのですが、ＡＩ、特にニューラルネットワークは、人間が教えていないことについても過去の学習をもとに「あのときにこう教わったから、同じようなパターンではないか」などと自分で解釈して推論することができます。

さらに、最近もてはやされている強化学習型とよばれるＡＩでは、教えてくれる「先生」、つまり人間を必要としません。最終的な目標だけ与えてやると、それを実現するための方法などを自分で学習していきます。

たとえば、ＤＱＮ（deep Q-network の略）というＡＩモデルでは、「ブロック崩し」というゲームを自分で攻略しました。人が与えるのは「よいスコアをあげなさいね」という目標だけで、「ブロック崩し」がどういうルールのゲームなのか、どうすると点数がよくなるかは一切教えません。ＤＱＮは、自分で試行錯誤しながら、ルールや攻略法を学んでいきます。第一章で紹介した囲碁ＡＩであるアルファ碁も四世代目のアルファ碁ゼロからは、「先生」つまり人間の棋士の棋譜を使わないで囲碁を学習できるようになっています。ちなみに、ＤＱＮもアルファ碁ゼロもグーグルの子会社であるディープマインド社が開発したＡＩです。

人間の常識にとらわれないがゆえに、その常識を超えられる可能性が出てきます。アルファ碁ゼロ以前の世代からすでにアルファ碁シリーズは、これまで人間が長い歴史の中で見つけられなかった手を見つけ出し、今はＡＩの打った手を人間（トッププロ）たちが数ヶ月かけて解析・検証している状況にあります。ＡＩはすでに、そこまでのレベルに到達しています。

AIのすごさはパターン認識力

画像認識は、ディープラーニングの得意分野です。レントゲン写真やＭＲＩの画像などの画像認識については、ディープラーニングの能力はもはや完全に人間を上回っています。

レントゲン写真やＭＲＩの画像は、素人が見ると、どこに病巣があるのか全くわかり

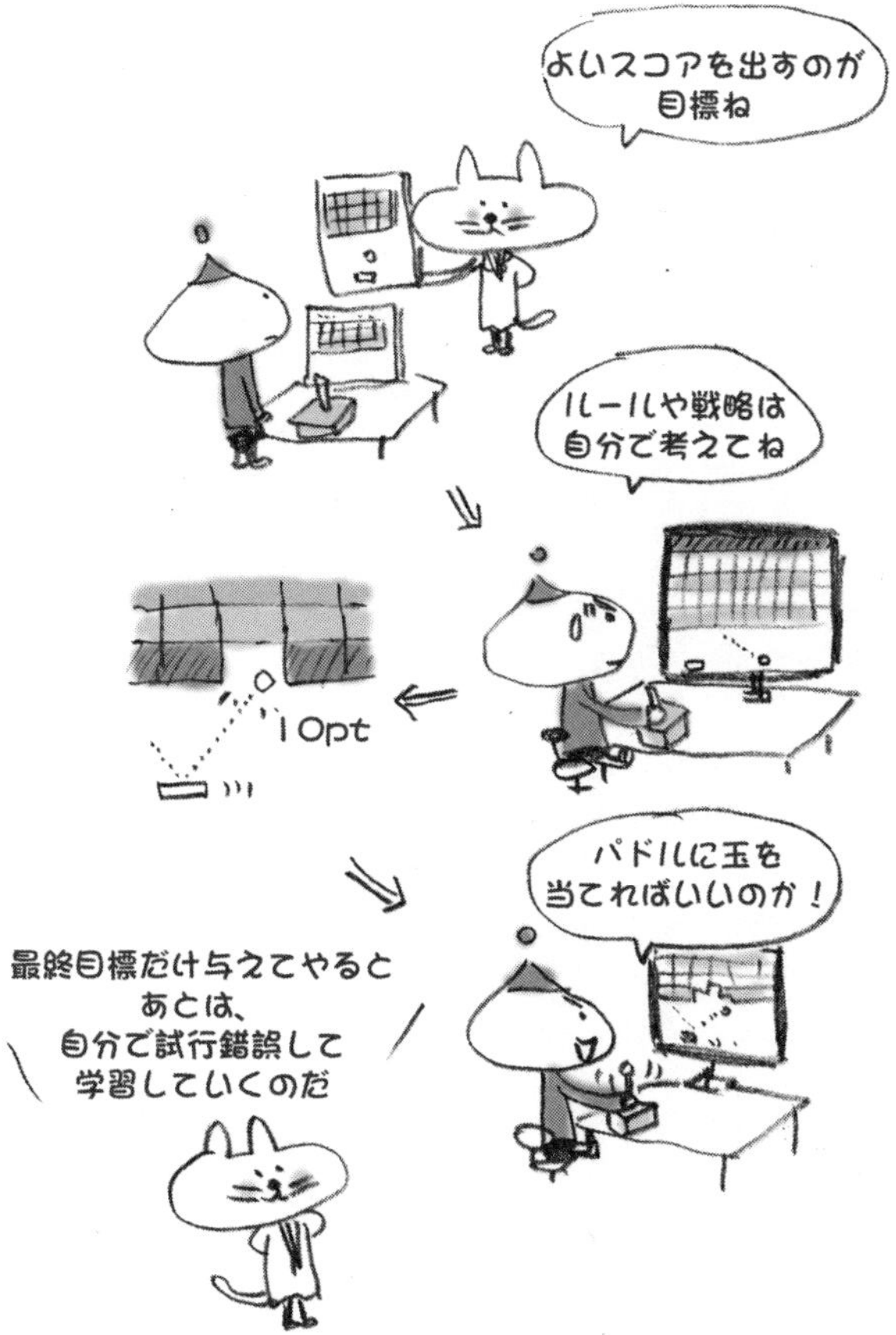
よいスコアを出すのが目標ね
ルールや戦略は自分で考えてね
10pt
パドルに玉を当てればいいのか！
最終目標だけ与えてやるとあとは、自分で試行錯誤して学習していくのだません。小さい病巣の場合はプロでも見落とすことがあります。しかし、ディープラーニングのＡＩは、人間が見落とすようなわかりにくいものでもしっかり見つけ出すので、病理医の有能なアシスタントになることが期待されています。

また病気の症状を聞いて病名を当てるとか、最新の薬の処方をするということなら、おそらく膨大な知識を持ち、最新の情報に精通しているＩＢＭワトソンのような「エキスパートシステム」の方が人間のお医者さんより上でしょう。

ＡＩはなかなか人間の感性には追いつけない

人間の知能をざっくり、理性と感性であるとした場合、理性の分野では、先の囲碁ＡＩやレントゲン写真での診断のように、すでにＡＩが人間の能力を超えているところが出始めています。遠からず、理性の世界では全てＡＩが人間の能力を越えるだろうと予測する研究者もいます。

アルファ碁がイ・セドルに勝ったときから、ある意味理性の世界ではＡＩが勝ったということができます。難しい言い方では「記号着地化できる」と言いますが、記号として書き表せる事象については（自然会話は難しいのですが）やがてＡＩが勝ってしまうだろう、ということです。

そんな中、ＡＩを感性の世界にチャレンジさせる研究が進んでいます。たとえば、小説。二〇一六年、ＡＩが書いた小説が「星新一賞」の第一次審査を通りました。これは星新一の全てのショートショートをＡＩに学習させ、ＡＩに小説を生成させようという、はこだて未来大学の松原仁先生を中心としたグループによるプロジェクトです。

しかし、第一次審査を通ったといっても、実際は人間が原稿の七、八割ほどを修正しており、まだ「ＡＩを一部に使った」程度の段階です。現時点では、小説を書くということではＡＩは人間に遠く及びません。たとえば雨が降っているシーンを書く場合、ＡＩに「家の中では雨を降らさない」ことは常識として教えなくてはなりません。家には屋根があり、外が雨でも家の中には雨は降らないということは、人間なら考えるまでもなくわかっています。しかし、そのような「常識」を与えなければ、ＡＩは家の中でも雨を降らせてしまう可能性があるということです。一つ一つの状況に対してそこから始めなければならないので、まだ課題は多く、先は長いといえます。

子どもが言葉や常識を獲得していくプロセスでは、いちいち親から「雨の日でも室内には雨は降らないのですよ」と教えられるわけではなく、生活する中で自分で気づいたり、大人から注意されたりしながら、無意識に覚えていきます。ＡＩも人間と暮らして数十年すれば膨大な常識を獲得できるだろうと考えられています。人と実時間で暮らす中で体験を積んでいく方法しか取りようがない、ということでもあります。これは人間の心を打つ話を書けるかどうかという以前の、整合性のある話をつくれるかどうかというレベルの話です。

それに対して、俳句はかなり上手になってきています。ニュースでも北海道大学を中心とした札幌ＡＩラボが主催する俳句ＡＩ「一茶くん」のプロジェクトを取り上げていましたが、俳句は文字数やルールが少なく、季語のルールもはっきりしているので、ＡＩに教えやすいのです。

朝起きたら、
雨がしとしと降っていました
…

短歌では星野しずるというＡＩ歌人が有名です。歌人といっても、それらしい言葉を自動的に組み合わせていく短歌自動生成プログラムなのですが、できた短歌がなかなか良く、短詩型ではもう人間と区別がつかなくなりつつあります。

二〇一八年には新潮社がＡＩの登場する小説（『はるか』宿野かほる著）に関して、人間とＡＩが考えたキャッチコピーを並べ、どちらがＡＩがつくったものか見破ってくださいというキャンペーンを行っていました。一般にこうしたテストを「チューリングテスト」（人間が会話をして、人間か機械かを判断するテスト）といいます。八問を通して答えるものでしたが、なかなか手強《てごわ》い問題でした。ＡＩはもうそこまでのレベルにいっているわけですが、しかしＡＩがつくった俳句やコピーも、最初からＡＩが書いたというとあまり評判がよくないようです。そこが主観的な分野でＡＩを活用する際に解決していく必要のある問題だと思いますが、ここは心理的な問題なので、人間がＡＩを人間と同等に受け入れるのは無理かもしれません。

いずれにしても、ＡＩはそのようなところから少しずつ、感性の世界に入っていこうとしています。僕たちが生きているうちに読んでジーンとくるような小説を書けるかどうかは疑問ですし、過去の文豪レベルの作品はさすがに書けないと思いますが、村上春樹の文体や物語のパターンを抽出して村上春樹風の小説を書くくらいのことはできるかもしれません。また、古くは携帯小説、今なら若い人たちの間ではやっている、LINE型の会話だけで進んでいくような情報量の少ない小説であれば、人間と変わらない程度まで書けるようになるかもしれません。

人間の文章読解力の低下とAIの技術進歩により、人とAIの能力は感性面でも近づいており、いつか入れ替わるときがくるかもしれません。

創作なら言語を使うものより、音楽のほうがずっとハードルは低いといえます。文芸のように意味的な整合性を考える必要がなく、音の組み合わせでつくれますから。しかもAIは独創的な発想は苦手ですが、バッハの曲調のパターンを抽出するなど、全体の特徴を見出《みいだ》すことは得意なので、〝○○風の音楽〟であれば、すでに自動生成できるようになっています。

ディープラーニングは、対象の特徴を見つけ出す能力が際だって高いです。絵画については、ＡＩが描いたレンブラントの絵があります。ＡＩが描いたので正確には「レンブラント風の絵」なのですが、僕はその完成度の高さに驚きました。ＡＩはレンブラントの作品を学習し、特徴を抽出して「レンブラントの新作」を描いて、３Ｄプリンタで出力しています。カラープリンタで出力した平面だと絵として味気ないですが、３Ｄプリンタでつくると、凹凸があるのでレンブラントの筆づかいや勢い、筆に付ける絵の具のボリューム感まで全て立体的に表現できるのです。

とはいえ３Ｄプリンタだと量感が出ますから、さすがに油絵ではないとわかりますが、ペンや筆を動かして実際に紙に描ける「Ｘ－Ｙプロッタ」という装置もあるので、それを使えば完全に〝レンブラント風〟の油絵が描けてしまう、ということになるかもしれません。多作の画家であれば、そうやってつくられた作品を見て「これ、俺が昔描いたかも?」と思ってしまうかもしれません。過去の作品をよく忘れる僕などは、かなり危ないです。

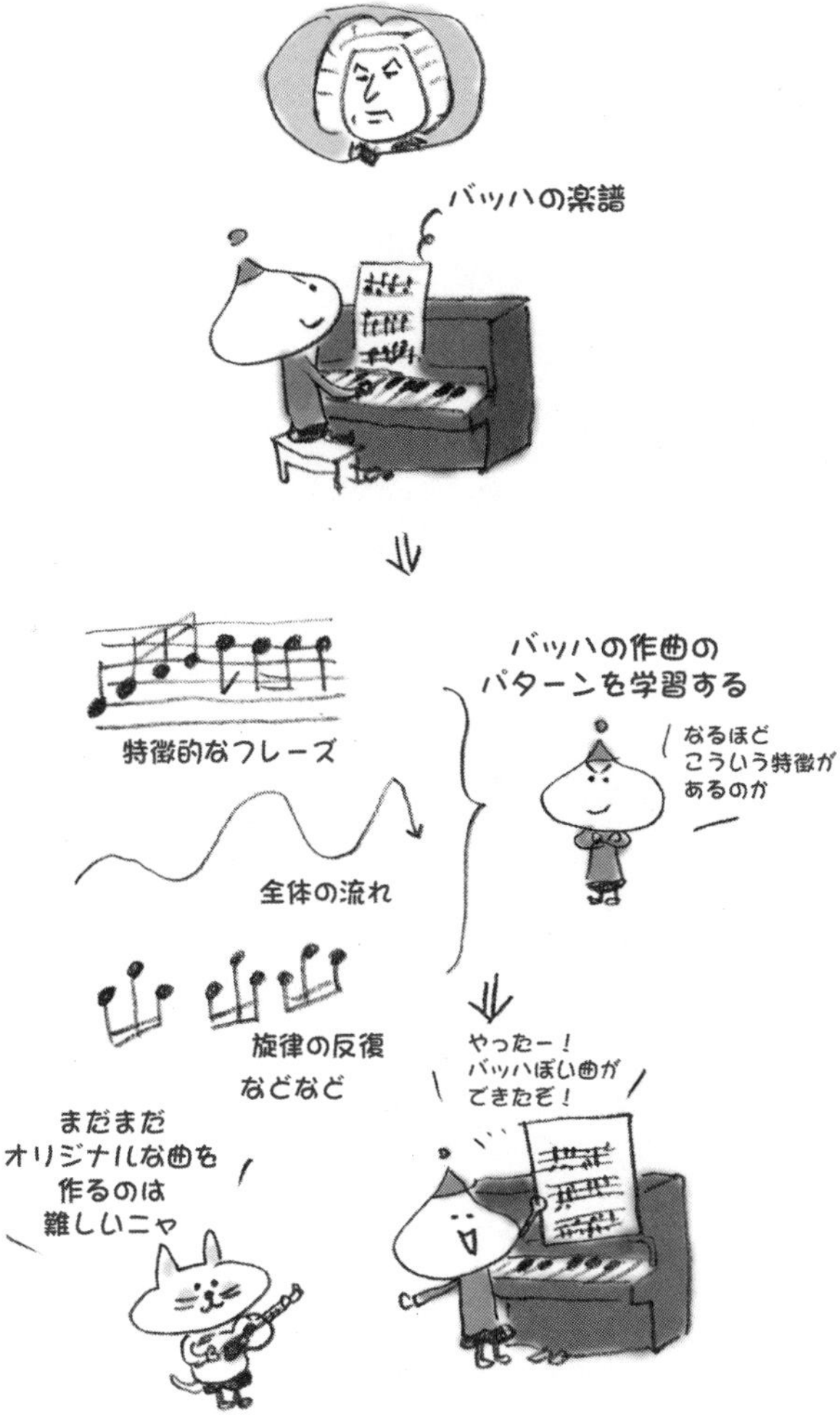
バッハの楽譜
特徴的なフレーズ
全体の流れ
旋律の反復
などなど
バッハの作曲の
パターンを学習する
なるほど
こういう特徴が
あるのか
やったー！
バッハぽい曲が
できたぞ！
まだまだ
オリジナルな曲を
作るのは
難しいニャ

いずれにしても、人間の生活を便利にする理性の世界の部分では、ＡＩはかなりのところまで進んでいますが、人間を楽しませる感性の部分についてはまだこれからだと思います。専門家でも、感性的な方面はＡＩには無理だろうと考える辛口の人もいれば、そこそこのところまでいくのではないかと見る人もいます。

しかし、感性の世界でＡＩがトップ・クリエイターを超えると考えている人は多くはありません。そもそも、人間がなぜそんな絵を思いついたのか——たとえば横尾忠則がなぜああいう絵を描くのかということが人間には解析できていませんし、横尾忠則自身に聞いてみても明確な説明は難しいでしょう。そのようなことはＡＩに教えようがないのです。ただ、何かをつくろうとしたときに、ググってそれらしいものを検索し、既存のものを組み合わせてなんとなくいい感じに見える程度の作品をつくるクリエイターは、今後ＡＩに取って代わられてしまう可能性が高いです。

少し横道に逸れますが、そのようにＡＩが作品をつくるようになったら、おそらく、著作権侵害の問題が大きくなってくるでしょう。たとえばＡＩがロゴをつくるとします。

ＡＩはインターネット上の既存のロゴを検索して、クライアントにとって最適な組み合わせを考え、加工して制作します。このときＡＩがリソースとしているのは、著作権のある作品である可能性があります。ＡＩにはどこからが著作権侵害にあたるのか判断できませんし、ＡＩが独自につくったものなのか、世界中の既存の何かを模倣したものなのかを見る側の人間が、判断するのは非常に難しい話です。後から著作権を侵害していることを指摘されたとき、誰が責任をとるのでしょうか。実際に社会でＡＩを使っていくときには、そのように新たに発生する問題も想定し、法的な枠組みづくりも含めて考えていく必要があります。

AIなくしてゲームはつくれない

僕の専門であるゲームの話をしましょう。ゲームのステージや、たとえば、ロールプレイングゲームのモンスターの強さや体力、守備力などのパラメータは、これまでゲームデザイナーは自分で計算し、手入力してきました。「モンスターに出会うまでにプレイヤーはレベル3くらいになっているから、モンスターはこのくらいの強さにするとよいだろう。近くの街で武器を買って戦うとすると、その武器の強さも考慮すると、それに見合うモンスターの強さはこのくらいだろう」などと想定しながらつくってきたのです。

しかし、ゲームの後半になってくるとこの想定がうまくいかなくなります。プレイヤーによってレベルの差が大きくなるからです。また、開発途中でイベントが追加されたり、なくなったり、新たなモンスターが登場したりとゲームデザインに変更が入ると、せっかく設定したパラメータが一からやり直しになってしまいます。人間ではなくAIであれば自動的にパラメータを調整できるので、いつどのような変更が起こっても、かなり柔軟に受け入れられるようになります。僕のつくるゲームでは、二〇年前からそのような仕組みを実装してきました。パラメータ調整やパーティ（一緒にプレーする仲間のこと）の組み合わせなども、AIは最適なものを選んでくれますし、ステージの難易度も自動で調整してくれます。人が今までコツコツとやっていた作業を、AIが代わり

どうやって
強さのバランス取ったら
いいんだぁ？
新キャラ

にやってくれているのです。

昔はゲーム自体がとても小さかったので、これらを手作業でも設定していけました。しかし、今はゲームがとても大きくなっています。また、いわゆるソーシャル・ゲームの場合、二週間に一回程度の頻度で、新しいキャラクターやカードを出さなくてはいけません。そのバランス調整には、多様な要素が複雑に絡み合っているので、人がパラメータを調節していては追いつけなくなってきています。特に何年もサービスが続いているゲームの場合、キャラクター数だけでも数千に上り、サービス当初に出したキャラクターと最新のキャラクターとのバランス調整などは、その順列組み合わせの数を考えると、もはや人間に調整できる範囲を超えています。

特にキャラクターやカードは、いわゆる「ガチャ」で手に入れることが多く、ユーザーの金銭的負担に直接関わるので、バランス取りには格段の注意が必要です。「一〇万ポイントで手に入れた武器なのに、全然使い物にならない」などということはあってはならず、設定にはとても神経を使います。

このようにゲームの世界は、人間が隅から隅まで手づくりすることは限界にきています。ＲＰＧ（ロールプレイングゲーム）に限らず、パズルゲームでも提供しないといけないステージ数が膨大になってきているので、人間がステージをつくっていては間に合いません。さらに、ゲームの巨大化に合わせて、組み上がったゲームをテストプレイして、プレイしにくいところを探したり、バグを発見・修正する作業も膨大な量になってきていますので、そうしたゲーム制作の現場でもＡＩへの期待が高まってきています。

ちなみに、ゲームＡＩの世界では、ゲーム内のキャラクターの行動を判断するＡＩを「中のＡＩ」、品質管理やデバッグなど制作を支援するＡＩを「外のＡＩ」という呼び方をします。

今までのゲームは誰もが同じパラメータでプレイするようになっていました。つくる側が「ユーザーは多分このゲームで六〇時間くらい遊びたいだろう」とか「この街に来たときに、このくらいの強さになっているだろう」「このくらいの難易度が喜ばれるだろう」と想定しながらつくり、実際、皆にその設定の中でプレイしてもらいます。しかし、そのようなつくり手の予測はしばしば外れます。力を入れて考えたところほど外すようなところがあります。

また、現在では、ゲームのビジネススタイルの主流は、基本無料＋アイテム課金です。すぐにゲームをやめられてしまうと、全く制作費を回収できなくなってしまうリスクがあります。そのため、なんとかやめないでいてもらう必要があるわけです。

そこで、プレイヤーのプレイを見ながら、ゲームの進行具合に合わせて、そのユーザーにフィットした形でバランス調整をする必要が出てきました。プレイヤーが苦戦しているようなら、その人には少し手加減する、逆に、簡単すぎて飽きている感じがしたら、少し敵を強くしてみたり数を増やしてみたりする、というようなことですね。実は強さのレベル調整機能自体は、一九八〇年の「パックマン」からありました。あまりプレイヤーがクリアできないでいると、敵の強さを少し弱めたりしていたのです。今では、AIが「最近、タッチしている回数が減っているな」「同じ場面ばかり何度もやっているな」といったユーザーの状態を観察して、ユーザーのモチベーションを下げないようにゲームバランスを調整するような試みも始まっています。まだ日本での実装例は多くありませんが、アメリカでは「本来のシナリオではこの街を通ることになっているけれど、プレイヤーが飽きてきているので、この街はショートカットして次の街につないでしまおう」など、イベントを「やる」、「やらない」まで調整するようになってきています。

こうしたゲームを俯瞰《ふかん》してみて、監督としてゲームをコントロールするＡＩを「メタＡＩ」と呼びます。

個人情報から自分好みにカスタマイズされていく

二〇世紀は画一的な商品を大量につくって売る、大量生産大量消費の時代でした。その前提にあったのは「人は皆だいたい同じようなものを嗜好《しこう》する」という発想です。しかし、嗜好がどんどん多様化し、画一的な商品ではなかなかフックのかからない時代になってきています。ゲームに限らず、他のコンテンツも、ＡＩ技術を利用して、リリース後にユーザーの動向を見ながら動的に変わっていく方向になっていくのではないでしょうか。

ゲームに限らず、ＡＩはカスタマイズが得意です。パターン認識が得意なので、使う人の思考パターンや嗜好パターンを理解し、その人に合った商品をつくることができます。今でもアマゾンなどで買い物をすると、「あなたにおすすめの商品は」と出てきますし、精度もどんどん高くなってきていますね。ＳＮＳに出てくる広告もそうで、あれはＡＩが検索した商品や読んだ記事などの個人情報をもとに、その人の趣味や思考、価値観を学習し、関連する商品やサービスの広告を出してくるものです。今はまだトンチンカンなおすすめをしてきたり、頻度が多すぎて鬱陶しかったりしますが、いずれもっと高精度になって「この人は一日三回以上出すと嫌がる」「もうこの商品は購入済みだから、その広告は出さなくていい」などと学習し、より快適におすすめしてくれるようになるでしょう。

感性の世界に話を戻すと、小説などにしても、いずれＡＩが書くようになると、同じ小説を買っても読者によって話が途中から変わる、あるいは結末が変わるなど、電子書籍ではゲーム的な手法が入ってくるかもしれません。

ゲームというエンターテインメントは、感性の分野では、早くからＡＩ化が進んでいる領域だといえます。しかし、アメリカに比べればかなり遅れていますし、国内においても他の産業に比べたらやはり遅れています。

日本の映画やアニメは他国に比べてＣＧの導入がとても遅かったのですが、原因は同じかもしれません。日本では人がつくった方が温かみがあるとか、人間でなければ面白いものはつくれないといった人間至上主義的な幻想が大変強い気がします。「人間でなくては」という価値観が強すぎて、コンピュータやＡＩの活用は後手《ごて》に回ってしまうのです。

しかし、ソーシャルゲームが主流となった時代になると、そうもいっていられなくなりました。とにかく次々と供給していかなければなりませんし、コスト管理もとても厳しいので、コストダウンできるのであればＡＩを使っていこうという流れになってきています。

ゲームに限らず、日本がＡＩの後進国である最大の理由は、ＡＩの研究投資に使われるお金の額が桁違いに少ないことも大きな要因です。ＡＩ部門のある企業はいくつもありますが、アメリカや中国のように大規模な投資をしているところは少ないでしょう。お金が全てではないでしょうが、投資が小さいとダイナミックな発展が起こりにくいのです。

ディープラーニングの二つの大きな技術革新のうちの一つの元になったのが「ネオコグニトロン」というＡＩですが、一九八〇年代にこれを開発したのは日本の福島邦彦氏です。しかし、残念ながら、日本はそれを昇華してビジネス化できるところまで組み上げることができませんでした。それをうまく利用してディープラーニングを開発したのはアメリカです。

実は、最近話題のゲノム編集技術「クリスパー・キャスナイン（CRISPR Cas 9）」も、元となる発見は日本の石野良純氏によるものです。

日本に新しい技術を生み出す頭脳がないわけではないのです。よい技術が開発された段階で、その技術のポテンシャルを見抜き、積極的な投資ができていないのが問題だと思います。

ロボットが人間に近づくのは必然

ＡＩはシンギュラリティという言葉とセットで語られることが多いです。狭義の意味でのシンギュラリティは、「ＡＩが普及するにつれ、人の仕事が奪われる。ＡＩの知能が人間の知能より勝って、人間がＡＩの下部になってしまうのではないか」という警告です。しかし、それは少しＡＩの能力を買いかぶっているところがある気がします。また、少子高齢化で労働力不足が問題となる日本の場合は、むしろＡＩに仕事を奪ってもらわないと困るのではないかとも思います。

『鉄腕アトム』に馴染《なじ》んでいる日本人は、欧米に比べて人型ロボットに慣れています。宗教的な事情もあります。これまでロボットというと仕事用がメインでした。家庭にやってきたロボットは、ルンバのようなお掃除ロボットやＡＩＢＯのようなペットロボットでした。

　しかし、これからは人型ロボットとの生活が夢物語でなくなります。というのは、人間の世話をするロボットの場合、人間が使っている道具を使えなくてはならないからです。ロボットも人間の使うコップを持たなくてはいけないとなると、指の形や大きさ、数が、人間と同じほうが何かと便利でしょう。コップ以外の食器、ドアノブ、スイッチ、水道の蛇口などなど、「人間の」道具を触るとなるとなおさらです。また、当たり前ですが、椅子の高さ、机の高さ、ドアの幅、それらの全てが人間サイズでつくられています。ロボットが人より極端に大きいとそれらを利用するのも大変です。逆に、ペットロボットのように小さいと、たとえばテーブルの上の片づけはできません。人間基準の道具や家具をロボットが一緒に使うのであれば、指に限らず、体の構成や大きさ、形も人間に近いほうが便利です。また、あまりに大きいと一緒にいて威圧感があるという問題もあります。家庭内で汎用的に使えるロボットとなると、おのずと人間サイズがよいわけです。

また、人間に接するなら硬くて重いとぶつかったとき危ないので、表面は柔らかくせざるを得ませんし、人間が押しつぶされて死んでしまわないように、重さも制限しなくてはなりません。

形状や素材が人間に近づいてくるだけではなく、いずれは体温を持つようになるかもしれません。人間は体温に近い温度の物のほうが、一緒にいて心地よさを感じます。となると、いずれは、人肌の温度のロボットが登場するかもしれません。すでに「LOVOT」というペット・ロボットは人肌の暖かさになっています。表面がざらざらしているのもやはり嫌で、せっかくなら柔らかくてしっとりした肌がいい。どうせならちょっといい匂いもしてほしいな……などと人間の嗜好が取り入れられていくと、ロボットはますます人間のようになっていきます。技術的にも、次第にそれを実現できるようなところまできつつあります。

産業用でも人型のロボットが登場してきています。部品の溶接や組み立てをしたり、アイテムの選別や配置をしたりするロボットです。人型のロボットの最大のポイントも、

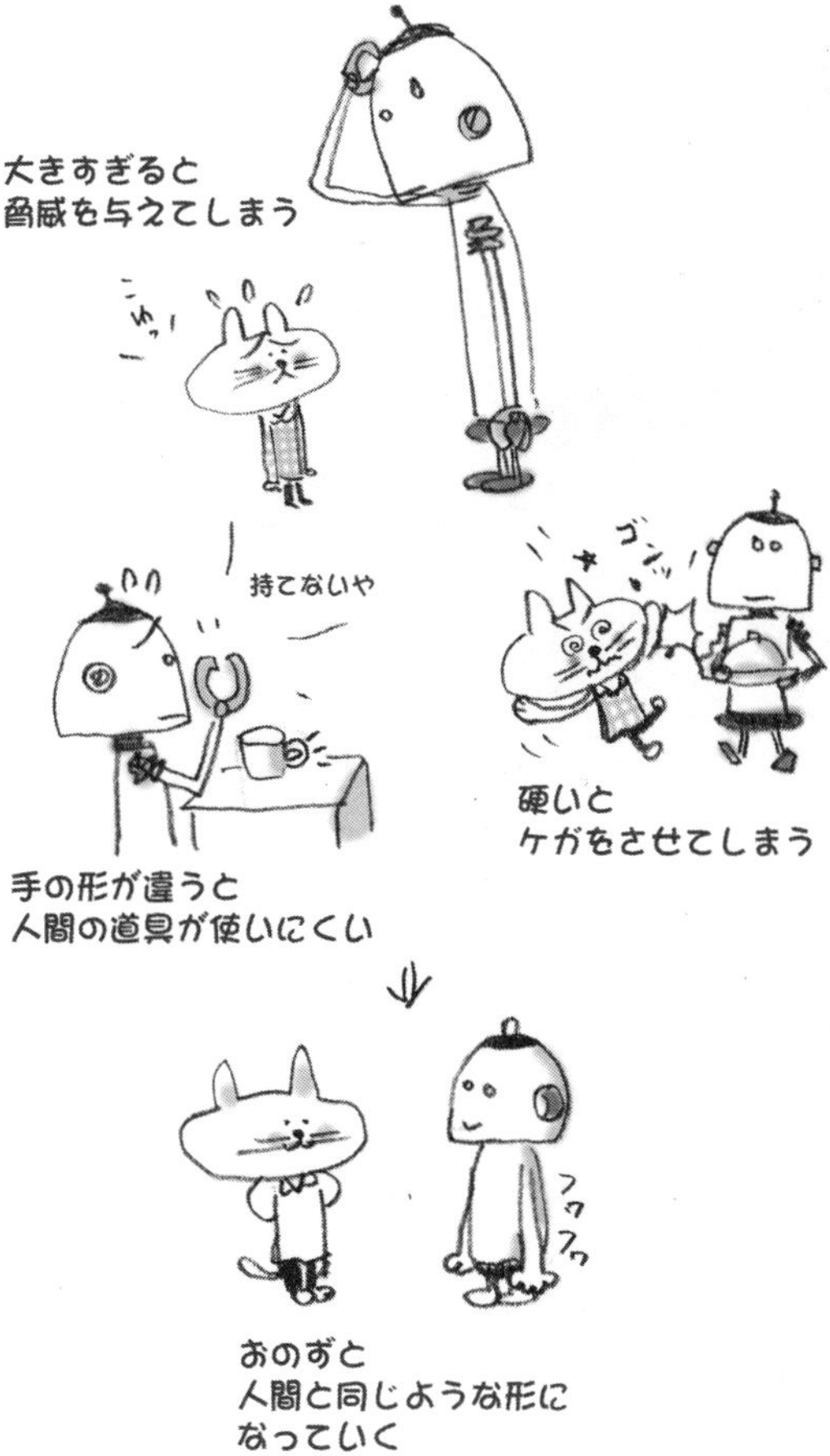
大きすぎると
脅威を与えてしまう
持てないや
硬いと
ケガをさせてしまう
手の形が違うと
人間の道具が使いにくい
おのずと
人間と同じような形に
なっていく

それまで人が使っていた道具をそのまま使えるところにあります。ロボット専用の道具をわざわざ開発しなくてもすみます。作業空間も今まで人が働いていたサイズと同じですみます。人との共同作業もしやすくなります。また、一つの作業に特化した形でないため、いろいろな仕事をさせられるのも利点です。今までは仕方がないから人間がロボットのための特殊な道具をつくっていたのですが、これからはおまえらが俺らの道具を使えるようになれよ、ということですね。

ＡＩが人間の道具を使えるようになると、ＡＩに対する教え方も変わってきます。今までは「こういうときは、こうしなさい」といったルールをたくさん教えていました。これを教師信号といい、こうした学習方法を「教師あり学習」といいます。しかし、ロボットは人と同じ形になり、人間のまねをできるようになると、子どもが見よう見まねでいろいろなことを覚えていくように、ＡＩも人の行動を見て、いちいち教えなくても自分で勉強できるようになっていきます。動きを教えるときも、理屈はさておき、手はこのくらいの角度で、このぐらいのスピードで動かすなどの見本を見せればよくなりま

よいバッティングについて
理論的に学習する

⇓

見よう見まねで
バッティングのコツを
自分で見つけ出す

す。こうしたお手本を必要としない学習方法を「教師なし学習」といいます。

　これまでは教えるべきことを一つ一つ記述していました。しかし、ＡＩに「こういうときは、こうしなさい」といったルールを全部書かなくてはいけないというのは、面倒な上に、大事なことが抜け落ちたり、うっかり間違ったことを書いたりという事故が起こるものです。自分の行動をちゃんと理解して、うまく説明するというのはなかなか難しいものです。

　長嶋茂雄さんがバッティングコーチをするとき、「ボールがきたときにビューンとバットを振るんですよ」と漠然としたことしか言ってくれず、教わる方はどうしたらいいかわからないという、よくいわれるエピソードと同じで、自分のできていることでさえ、合理的にうまく説明するのは難しいものです。もれなく正しく合理的にルールをつくれない以上、ＡＩにそれを教えることはできません。

　しかし、「教師なし学習」では「俺のスウィングを見てろ」と実際にバットを振ってみせて、「この通りにやれ」といわれれば自分で試行錯誤しながらその通りにできるようになります。

自分で想像するようになる

今、家電にマイコンが入っているといっても、マイコンは一般的に好まれるご飯の硬さはこのぐらい、扇風機の風力はこのぐらいというように、設計者が「一般的にこのぐらいが好まれるだろう」と考えた標準的な設定に従って調節されています。

しかし、ここにＡＩが入ってくると、ご飯の硬さ、お風呂の温度、扇風機の風力や部屋の温度など、さまざまなことが使う人に合わせてカスタマイズできるようになります。自動的に調整できるのは物理的な量だけではありません。この人は長時間クーラーをつけているのは嫌いなようだとか、この人はお風呂は毎日入らないとか、湯船につかるとしてもカラスの行水だ、といったライフログを取得し、そのデータを元に、その人に合わせたかたちで調整できるようになっていきます。標準的な設定で調整されるのでなく、使う人それぞれの好みに合わせてチューニングされていくのです。しかも、ＡＩはその人と暮らす中でどんどんその人の生活パターンを学習していくので、どんどんチューニングの精度が上がっていきます。

AIの最も大きな能力は、教えたことをそのまま再現できるだけではなく、教えられたことを基に、教えられていないことについても自分で推測できる能力です。全く新しい出来事でも過去に学習した経験と照らし合わせて、どう対処すべきかを推測することができます。個人的に僕がAIにどっぷり浸《つ》かってしまったのも、単なるプログラムとは全く違うこの能力に惚《ほ》れ込んだためです。

AIはその人について何の情報もないまっさらな状態から始めても、一緒に生活していくうちにどんどん学習していき、そのうち一から十まで教えなくても、その人の嗜好を「きっとこうだよね」と推測できるようになっていきます。とても暑い日であれば、「今、仕事から帰ってきたけど、夕飯の前にシャワー浴びたいんでしょ。だからご飯は三〇分遅らせましょう」などということも過去の学習から導き出すことができるようになっていくでしょう。AIは人間以上に相手のことを忖度《そんたく》できるようになっていくと考

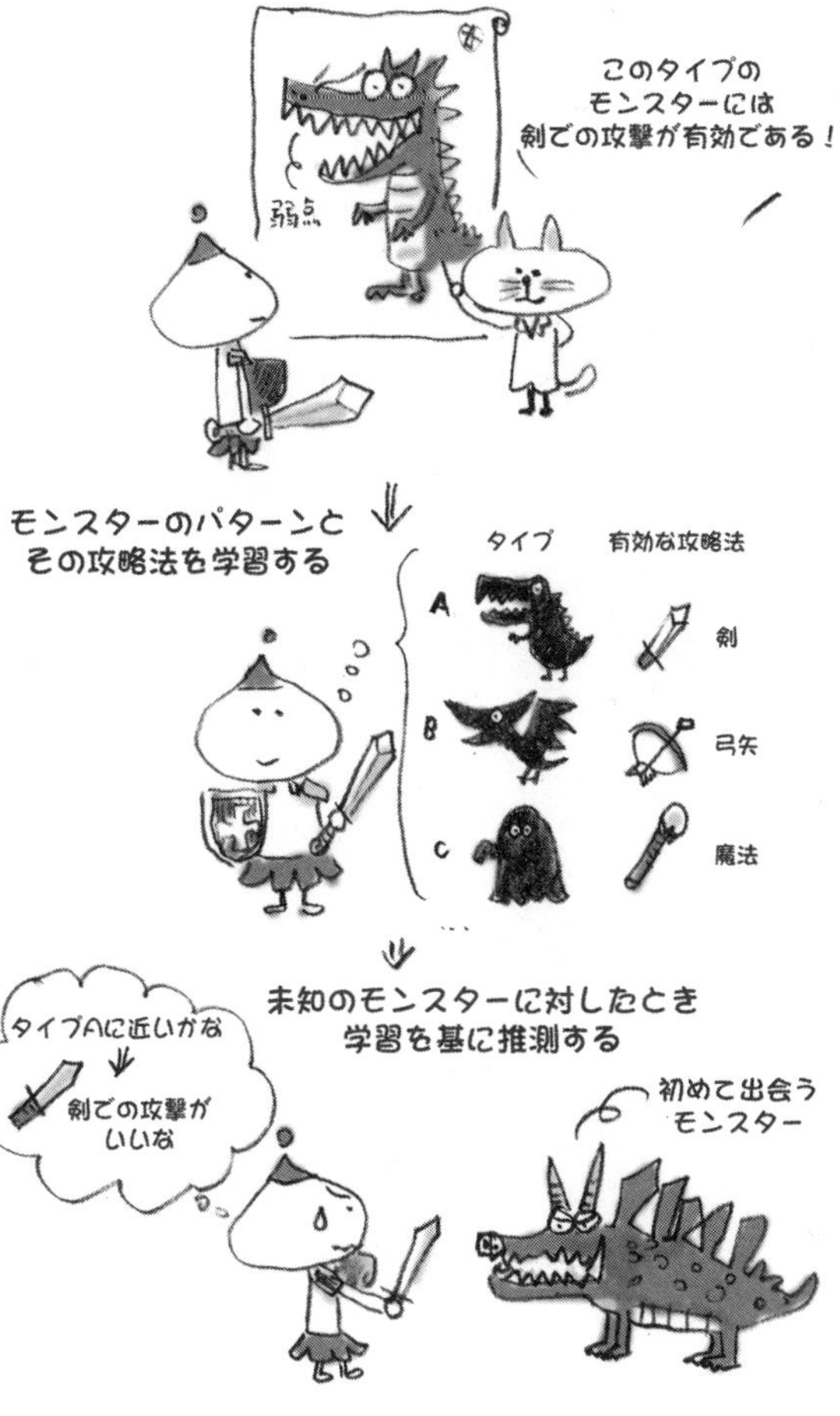
このタイプの
モンスターには
剣での攻撃が有効である！
弱点
モンスターのパターンと
その攻略法を学習する
タイプ
有効な攻略法
A
剣
B
弓矢
C
魔法
未知のモンスターに対したとき
学習を基に推測する
タイプAに近いかな
剣での攻撃が
いいな
初めて出会う
モンスター

えられます。

ボトムアップ式のロボット

AIを搭載したロボットは一九七〇～八〇年代から開発されていました。各種のセンサーから情報を集め、それを基に脳にあたるAIが状況を総合的に分析してどう行動するか考える、中央集権型、トップダウン型のロボットです。たとえば、階段を上ろうというときには、目（カメラ）が階段の段差を見て、体についているセンサーがそのときの体の傾きを捉《とら》え、足がどこにあるか確認し、AIが次にどうするのか、はたまたバランスを整えるのかなどを考え、足や体に命令するという仕組みです。

しかし、当時のコンピュータは計算速度が遅く、メモリの量も少なかったので、センサから上がってきた情報をAIで処理してもう一回手足に戻すかたちでは、一歩を踏み出すのに時間がかかりすぎていました。いくら賢くても、そんなまどろっこしいことではダメだ。そう考えたロボット研究者のロドニー・ブルックスは、一九九一年にボトムアップ型の六本足ロボット（ゴキブリ型ロボット）「ジンギス」をつくります。「ジンギス」はボトムアップで行動する、という発想からつくられたものです。歩いていて何かにぶつかったら、右足が自分で足をずらしなさい、左足がぶつかったら左足が自分で足をずらしなさい、ということです。もし足だけで解決できなければ、一つ上位のボディに相談に行き、「では少し体を回転させてみようか」などとやってみる。それでもうまくいかないようなら、さらに上位のＡＩに指示を仰ぎます。何か起きるたびに、いちいちＡＩつまりトップの判断を仰がないで、まずは現場で判断して行動してみる。それでダメなら上位に相談するという「トップダウン方式」とは逆の仕組みです。

これを会社の組織に当てはめて考えると、とてもわかりやすくなります。上が現場に権限を与えないで、些細《ささい》なことでもいちいち上の稟議《りんぎ》を通さないと動き出せないのでは、とんでもなくまどろっこしいですね。大企業病というヤツです。ある程度のことまでは現場で判断し、現場で解決できなかったときだけ一つ上に回して判断を仰ぐほうが、機動性はずっと上がります。

そのようにボトムアップ方式で動く「ジンギス」は非常にすばしっこく、簡単な障害物ならさっさと乗り越え、パッパッと歩けたため、登場したときは研究者たちに非常に衝撃を与えました。そもそもボトムアップ方式の考え方自体が衝撃的でした。人間はやはり人間型の「知能」というイメージにとらわれていて、センサーからの情報を中央で処理して総合的に判断し、何らかの行動をするよう指令を出すというトップダウン方式が当たり前と考えていたのです。しかし、ロボットなので人間と同じプロセスにこだわる必要はなかったわけですね。ブルックスはそのような発想の転換をした先駆者で、「ジンギス」の後に地雷除去ロボットをつくり、それをもとにお掃除ロボット「ルンバ」を開発しました。

「ルンバ」ははじめはランダムに移動しながら掃除をしていましたが、現在では、センサーを使って部屋の形や障害物をマッピングする方式に変わっています。今はまだ部屋の形ぐらいしかデータを取っていませんが、そのうち「部屋のこの辺にごみがたまりやすいから、ここを集中的に掃除しよう」「この家族の生活スタイルはこうだから、○時

【トップダウン】
敵発見！
了解した！
偉い人
直ちに
出撃せよ！
偉い人
了解！
ただちに
現地に向かいます

【ボトムアップ】
敵発見！
まずは、
様子見じゃ
偉い人
判断に困ったら
偉い人
敵を発見
どういたしますか
ただちに
現地に向かいます

頃に掃除するのが効率がよい」といったことも学習し、その通りにやってくれるようになるでしょう。

「ルンバ」は掃除しかできませんが、僕はそこにスマートスピーカーのような機能がついてもよいと思っています。「お気に入りの曲をかけて」なんて指示をしたら、掃除機が鼻歌交じりに掃除してくれるなんて、想像するだけで楽しくなりませんか。

服のデータも集積していく

日常生活ということでは、衣料の世界にもＡＩ技術が入ってきています。全身にセンサーをつけて体のサイズを自動計測する「ＺＯＺＯスーツ」が話題になりました（のちにマーカー式に変更）。服は通販での失敗が多い商品と言えます。カタログで見て服の大きさを判断したくても、今はＳ、Ｍ、Ｌぐらいのざっくりとしたサイズ分けしかなく、とても試着の代わりにはなりません。人間の体型を数パターンに分類すること自体、本来は無理な話なのですが、今までの既製服ではそれしか方法がありませんでした。しかし、ZOZOスーツで全身のサイズを計測すれば、ある程度サイズ感の判断の問題は改善されると思います（肌ざわりや微妙な色具合も、想像とは違うと思うことが多いところですが、そこはこれからの課題です）。

将来的には服でも服以外でもどんどんカスタマイズが進み、「私ならでは」のものができる方向に進んでいきます。

学校教育もAIで

教育もカスタマイズが進んでいく分野です。子どもの数が減っている中、全ての生徒に一律に教えるという学校の仕組みは、そろそろ限界にきています。文科省もAIを用いて生徒個別の進捗に合わせた学習の実現を目指すと発表していますが、教育面のカスタマイズはもうあちこちで始まっています。

講義型の授業をネット上で受講することには何の問題もありません。ネット配信型の授業では、先生一人に対して生徒一〇〇万人でも教えることが可能なので、地域の全ての学校に全教科の先生を配置する必要はなくなります。優れた先生の授業をどこに住んでいても同じように受けられるようになれば、生徒にとって大きなプラスとなるはずです。また、教室の皆が同じ内容の授業でなくてもよくなりますから、一人一人が理解度に応じた授業を受けることができるようになります。ある項目の理解が足りていない生徒は、その部分を繰り返し勉強できる。それだけでも、これまでとはだいぶ変わってくるでしょう。

学校教育のＩＴ革命に合わせて、学校にタブレットが配布され始めています。すでに各教材会社はそれに合わせた教材アプリを提供していますし、低価格で高質の学習ができる学習アプリを売りにしている〝インターネット予備校〟もあります。タブレットを使った勉強は勉強成果を客観的に評価しやすいため、教師は生徒の学習状況を把握しやすくなります。

学習環境がそのように変化していくと、学校自体の位置付けもおそらく今とは変わっていくでしょう。現在の学校は第一に「勉強する場」だと思いますが、今後はたとえば

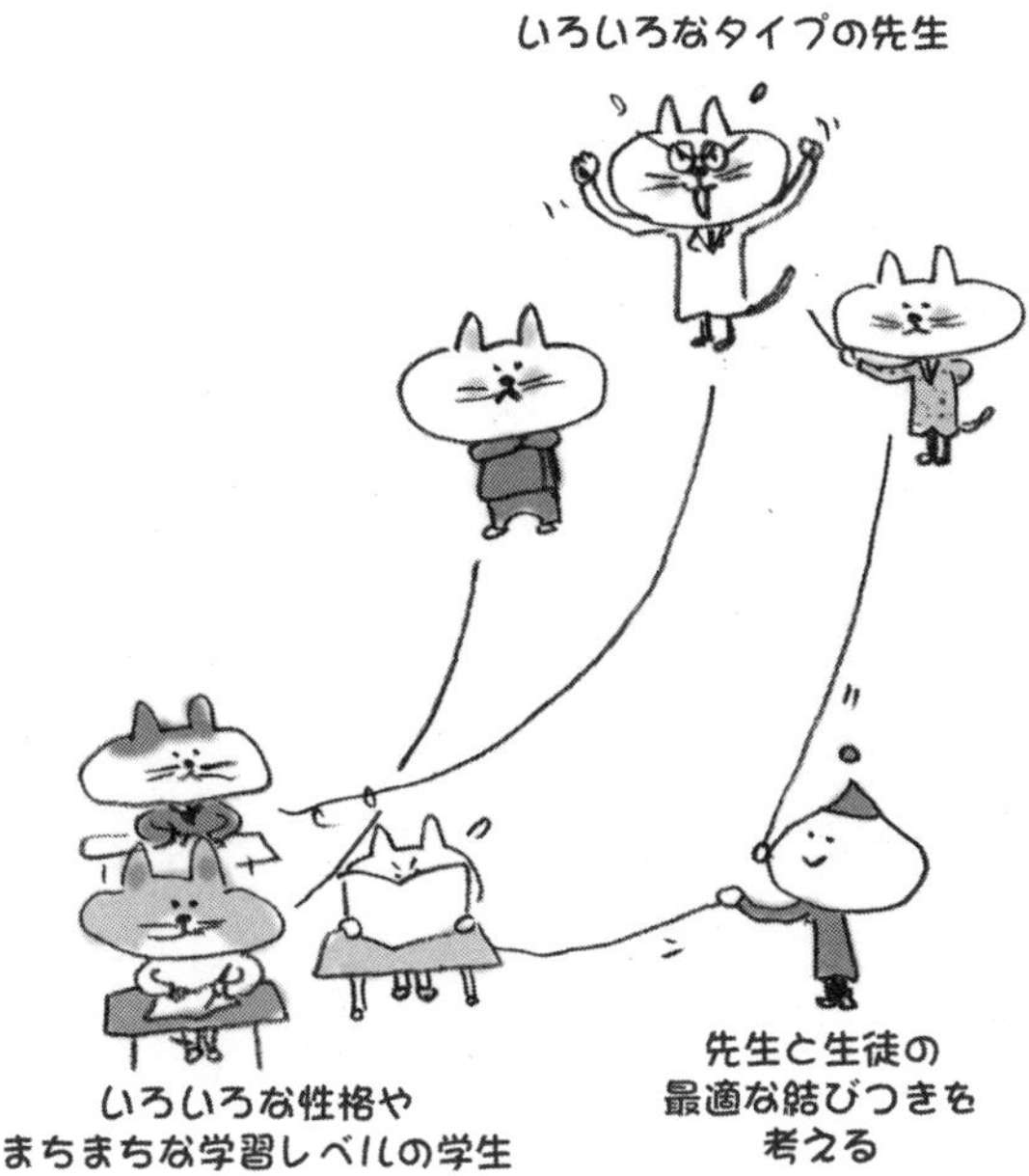
いろいろなタイプの先生
いろいろな性格や
まちまちな学習レベルの学生
先生と生徒の
最適な結びつきを
考える

「友達とコミュニケーションをとる場」「チームワークを経験する場」といったあり方が重視されるようになるかもしれません。

学習そのもののあり方も、ＡＩが教育分野に入ってくることで大きく変わる可能性があります。「大学入試の会場にはスマホの持ち込みは禁止されている。言い換えれば、今の大学入試の問題の多くは、スマホを持ち込み可能にしたら誰でもいい点が取れるタイプの問題だ」という意見を目にしたことがあります。今の「勉強ができる、できない」というのは、スマホを効率よく使えれば、それで代用できる程度の能力の違いにすぎない、というのです。ものの原理を理解し、それを応用したりする力はインターネット検索で得られるものではないので、検索すれば誰でも得られる知識を問うよりは、何らかのテーマについて調べさせ、結果をレポートにまとめさせる方が、よほどその人の能力を測れるのではないかと思います。

これまでの試験でそれができなかった理由は、採点する側の事情にありました。記述問題ばかりだと採点が大変になるわけですね。しかし、手書き文字を読めて、人間の書いた文章（自然言語）を理解できるＡＩが採点するようになれば、そうした記述メインの出題が可能になるはずです。それが普及してくれれば、単なる知識の記憶よりも原理の理解や応用、推論や分析する力などが入試で問えるように変わっていくことでしょう。

人間が証拠としていたものがほとんど信用ゼロに

文字認識の中でも手書きの数字を認識するＡＩ技術は需要が多く、以前からかなり進んでいる分野です。この技術の延長で、最近では、ある人の書いた一つの数字から、残りの九つの数字について、その人がどのように書くかが推測でき、その字を「書く」ことができるようになっています。それがさらに進んでいけば、アルファベットやひらがな、漢字などについても同じことができるようになるでしょう。ということは、おそらく、その人に成り代わってサインなどができてしまうようになります。

同様のことは、声や表情についてもできるようになります。今ではかなり、動画を自在に加工できるようになっていて、あなたの動画や音声データがあれば、あなたがいってもいないことを喋っているような自然な動画がつくれてしまいます。著名人の発言の一部だけが切り取られて流布《るふ》しているとき、実際にはどう言ったのか、本当にその人が言ったかなど、動画を見て検証するようなことがありますが、もし不自然でない動画を他人が勝手につくれるとなると、これまでのような動画での検証は無意味になります。

昨年、オバマ前アメリカ大統領がいうわけのないような内容の演説をしている動画が、ユーチューブにアップされました。ＡＩで表情をつくったものだと最初から解説されていたので、なんとなく自然でないようにも見えましたが、そうはいってもとても精度が高く、解説がなければ本物と見分けがつかなかったでしょう。解説があっても、ぼんやり見ていたら「オバマはこんなにひどいことを言っていたのか」と信じてしまうレベルで、慎重に扱わなければいけない技術が出てきたと感じました。時間をかけて慎重に検証すればフェイクだとわかるかもしれませんが、たとえば選挙の二週間前にフェイクニュースが流れたりすると、投票日までには真偽がわからず、フェイクニュースが選挙結果に影響を与えてしまう危険性があります。

動画に関しては、そのシーンの先に何が起こるかの予測もできるようになってきました。たとえば、男の人と女の人、子どもと大人など、二人の人が向き合っているシーンをAIに見せ、この後二人はどうするのか――ハグするのか、握手するのか、殴り合うのかなどを、二人の位置関係や表情、周囲の風景等の状況から総合的に推測するものです。「この二人の男女はキスをします」「この二人の男性は握手します」など、現在はかなりの確率で当てられるようになっています。

周りの状況から推測するだけではなく、現在は、そこまで走ってきた車の映像からこの後どうするか、スピードを落とすのか、スピンするのかなどを推測し、推測に基づいた新しい映像をつくることまでできるようになっています。今はまだわずか数秒程度で、画像の精度も低いのですが、そのような未来予測ムービーがつくれる時代になってきています。

未来予測ムービーの精度が上がっていった先には、監視カメラの映像ですら信用できなくなる、といった事態が出てくる可能性があります。文字認識機能の延長線上にくるサインの偽造、フェイク動画、実際の映像をもとにした推測映像。そのようなものがつくれるということは、人間は今まで「証拠」としていたものをほとんど失ってしまうということです。

心の健康にもＡＩ

ＡＩは身体の健康だけではなく、心の健康もフォローすることができます。すでに今、皆さんがフェイスブックに投稿した記事も、ツイッターへのツイートも全部監視されています。そこにもＡＩが利用されます。

全ての記事を見ているといっても、少なくとも現在は、ラーメンを食べ過ぎたからといって何かいわれるわけではありません。ＡＩが投稿から検出するのは、極端に良俗に反した内容であったり、特定の人を攻撃した内容であったり、自殺の予兆があると考えられる書き込みです。直接「死にたい」と書かれていなくても、それまで見てきたその人の文章から、文体や語彙などのさまざまな特徴を抽出し、それに対していつもと異なるトーンや語彙などから「気が滅入っているのではないか」などと判断します。本人に直接アドバイスはできないので、たとえばやりとりのある友達のところに「ちょっとあの人と話したほうがいいのでは」というような助言をするかたちで、間接的に救いの手を差し伸べるような取り組みが行われています。

AIは普段の投稿の内容や頻度の違いから、その人のその時のメンタルの状態を判断します。

人は嘘《うそ》をつくときには声のトーンが通常より少し上がるのに対し、落ち込んでいるときは逆に少し下がる傾向があるといいます。それだけではなく、発話量が減り、抑揚も小さめになるので、発話をモニタリングすることで、その人のメンタル面のコンディションが推測できるのです。文章の場合は、日頃その人の文章からその人らしいパターンを抽出しておくことで、心の状態が悪くなっている、逆に、とても喜んでいる、楽しんでいる状態であるかなどを判断できます。

その人らしい文章がどういうものかを判断できるということは、別の角度からみると、

ＡＩにはその人が書くような文章が書ける、ということでもあります。バッハ調の曲を作曲し、レンブラント調の絵を描き、いかにも小林一茶風の俳句をつくるのと同じようなことが、ＳＮＳへの投稿（に限らず、短めなものであれば文章全般）についてもできてしまうということなのです。おそらくもう、メールであればチューリングテストに合格できるぐらい、その人らしい文章が書けるようになっているでしょう。

これが悪用されるのは恐ろしいですが、便利になる面もあります。気まずいメールを書かなくてはならないとき、ＡＩが代わりに書いてくれたり、ＳＮＳで面白いネタを拾って自分の代わりにツイートしてくれたり、というようなことができるようになるでしょう。「いいね！」の数を見て、どのようなことを書くともっとたくさん反応してもらえるかということまで、ＡＩは考えて実行できると思います。

実は、その人らしく呟くサービスはすでに始まっています。大切な人が亡くなった場合、心の整理がつくまで少し時間がかかるときがありますね。特に不慮の死の場合、残される人は心の準備ができていなくて、しばらく心の中で死んだ人と会話したりするこ

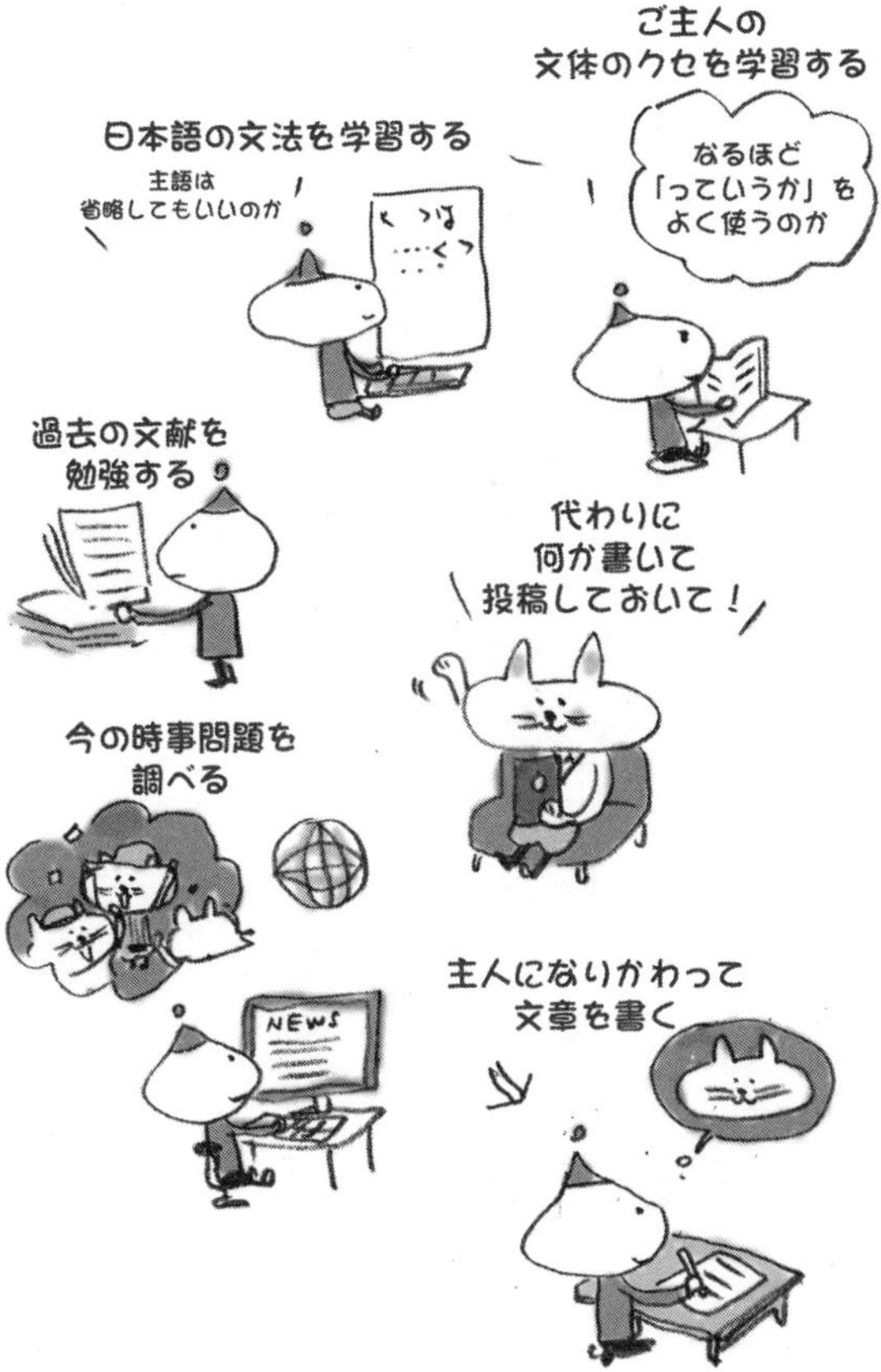
ご主人の
文体のクセを学習する
なるほど
「っていうか」を
よく使うのか
日本語の文法を学習する
主語は
省略してもいいのか
過去の文献を
勉強する
代わりに
何か書いて
投稿しておいて！
今の時事問題を
調べる
NEWS
主人になりかわって
文章を書く

とがあると思います。それを実際のかたちにしたサービスです。つまり、その人がいなくなったことを受け入れられるときがくるまで、死んだ人がツイートし、なんとなく会話をしてくれるのです。日頃ツイートの多かった人ほど文章のパターンが取りやすいので、よりその人らしいツイートになります。

それがよいことなのかどうかは、僕にはわかりません。心の整理を遅らせるだけかもしれません。しかし、それが実際に有料サービスとしてあるということは、需要があるということです。そのうち、SNSに投稿している人の何割かは、生きた人間ではなくAIがそれらしく呟くアカウントということになるかもしれません。

AIが仕事として文章を書いているのはSNSに限りません。それがとてもうまくいっているのがニュース記事や天気予報です。高校野球の速報のように定型化されていて、なおかつデジタルデータが得られるスポーツのニュース記事は、AIが書くケースが増えています。リオデジャネイロ・オリンピックの頃からその試みは始まり、現在、スポーツの分野ではかなり使われています。情報だけを淡々と伝える、情緒的な要素がない記事であれば、おそらくもう人間が書いた記事と区別がつかないと思います。

天気予報も、気象庁が発信するデジタルな天気情報を用いて、AIが書けるようになってきました。天気予報も文章に定型があるので、AIには学習しやすいのです。そのような雛型《ひながた》の見つけやすいものは、今後もどんどんAIが書くようになるでしょう。

定型があるものとしては、ある金融機関のお客様サポートセンターのQ&Aも、すでにIBMワトソンが担当しています。しかし、そこまでAIの性能や信頼度が上がっている一方で、今はまだ、「AIがお答えします」となるとかなりの人が怒るのだそうです。人間は、AIがはじき出した模範回答をそのまま棒読みするだけでもよいから、人間に答えてほしいのですね。

また、AIが対応する場合、回答を一つしか提示しないと人間はストレスを感じるという調査結果も出ています。一つの回答だけを読まされると、機械に使われている感じがして嫌なのでしょう。内容があまり変わらなくても選択肢を三つぐらい示し、このうちどれを選んでもよいとすることでストレスが少なくなるそうです。最終的に自分が選んでいると思うと納得できる――この辺りにＡＩと人間の関わり方のヒントがあるように思います。

人が重視していることをＡＩがやると不快に思うのは、第二章で紹介した音楽の事例―同じ曲でも、最初にＡＩが作曲したと教えてから聴かせると、それを言わなかったときよりも評価が下がる、と似たようなメンタリティかもしれません。将棋ＡＩに代表される知性の世界では、「コンピュータがはじき出した答え」は一つの信頼の指標になり得ますが、主観の入る世界では、ＡＩが手がけたということはまだネガティブな方向にしか受け取られないところがあります。はっきりした正解のある「理屈」や「知性」の世界から、小説や歌のように主観に頼る「感性」の世界へ、ＡＩのチャレンジは始まったばかりです。

ＡＩと人の区別がつかない

金融会社のお客様サポートに話を戻します。銀行や保険などの分野では、不正確なことやあいまいなことをいってはまずい状況がたくさんあり、人間が個人の記憶や判断に頼って回答するようなことは基本的にＮＧです。おそらくこれからは、電話口で対応しているのは生身の人間でも、裏で回答文を作成しているのは実はＡＩ、というケースが多々出てくるのではないかと思います。

また、保険業界では新しい商品を開発するのがとても難しいといいます。法律の知識も必要だし、複雑な利益計算もしなくてはいけないので、一〇年ぐらい経験を積んでさまざまな知識を身に付けていないとできないのだそうです。しかし、ＡＩはそのような難題もこなせるようになっています。

ＡＩは新しい料理レシピも開発できるようになっています。ＩＢＭワトソンの一つ「シェフ・ワトソン」は、世界中のレシピを勉強して、新しい料理を創作することができます。数年前、その創作料理を人間が実際につくって試食してみるという実験的なイベントが日本で開催されました。いくつかのキーワードをもとにシェフ・ワトソンが考えた複数のレシピの中から、一流シェフが実際につくるものを選び、料理します。リップサービスもあるかもしれませんが、プロの感想は「我々にはちょっと想像もつかないようなレシピでした」というものだったようです。味がどうだったのかはわかりませんが、いずれにしてもそのような技術が家庭に入ってくるのには、そう時間はかからないと思います。

食の分野でいえば、最近のスーパーでは野菜や果物の商品ラベルに「○○県の△△さんがつくりました」と顔写真が入っていたりしますね。今はまだそのような生産履歴、商品追跡（トレーサビリティ）程度の情報しかありませんが、ＡＩを使えば、生産者のスキルや思想がわかったり、生産環境がわかったり、買う人にとってその素材は必要かどうか、その素材の調理方法まで教えてくれるようにもなるでしょう。

これまでもうずいぶん長いこと、僕たちは「家電が少しずつ賢くなる」という経験をしてきました。洗濯機は昔は洗濯槽と脱水槽に分かれた二槽式でしたが、全自動で一槽でできるようになり、今では乾燥までできるように進化しています。しかしこれからは、そのような進化とは次元の異なる世界に入っていきます。今までは孤立していた各家電がネットワークを組んで協調し、人間をサポートしてくれるようになるという、初めての経験が待っているのです。これによって我々の生活はずいぶん変わっていくでしょう。

今の子どもが、昔は洗濯板で洗濯をしていたと知ると「そんな大変な手間をかけていたなんて信じられない」と思うように、「昔は人間が自分たちで今晩の献立を考えて、買い物にも行っていたんだよ」と子どもに話す時代がくるかもしれません。おそらく後の時代の子どもは、それを聞いて「えっ、そんな面倒なことを……」と思うのではないでしょうか。

AIが普及してもやっぱり人は忙しい

そのようにAIが普及して大体のことをしてくれるようになると、人間は暇になるのかというと、そうはならない気がします。洗濯機のなかった時代、たとえば江戸時代には、なかなか乾かない木綿の厚い着物を洗濯桶《おけ》で洗い、ぎゅうぎゅう絞って物干し竿《ざお》に干していたわけですね。今のように一日着たらすぐに洗濯、などという習慣はなかったにしても、水を井戸まで汲《く》みにいかなくてはならないなんて、家事だけでとても時間がかかっていたと思うのです。炊飯器もなければ子どももたくさんいて、その頃のお母さんたちは、おそらくとても忙しかったでしょう。

では、そんな時代に比べてとても便利になった今、僕たちが忙しくないかというと、全くそんなことはありません。

個人的にはスマホでゲームができるようになってから、時間の使い方がずいぶん変わったと感じています。今まではゲームは家かゲームセンターで遊ぶもので、内容的にもまとまった時間がないと遊べないものでした。電車を待っている二分間で遊べるものなんてなかったのに、今のゲームはそういう短い時間でも遊べるようになっています。スマホの登場で、以前なら手持ち無沙汰にするしかなかった細切れの時間の活用法が発見されたわけです。今後AIのおかげで使える時間が増えたとしても、人間はそこでやれることを見つけ出して、相変わらず忙しくしているのではないでしょうか。

現在は時間がとても細分化され、二時間一つのことに専念できるような、まとまった時間がとりにくくなっています。その状況は今後加速しそうですが、どんなに忙しい人でも、一日のうち五分や一〇分の隙間《すきま》時間が五、六回ぐらいはあるはずです。今はそれを集めて二時間として使うのは難しいですが、今後はそんな隙間時間をごそっと集めてくれるスケジュール管理をしてくれるＡＩや、指定した時間は人からの連絡を遮断するようなＡＩが登場してくるのではないでしょうか。

時間は有限で、会社員でもフリーランスでも主婦でも、金持ちでも貧乏人でも、子どもでも大人でも、皆等しく一日二四時間しかありません。その使い方が今後、とても大きなポイントになってくるはずです。

介護の世界にもロボットが導入されていきます。人による介護を選ぶ時代になります。ロボットだと味気ないと思う人がいる一方、気をつかわなくていいし、悪態をついても機嫌が悪くならないので、意外にロボットのほうがいいと思う人が多いかもしれませんね。

AIに求めるもの

海外の人はロボットを知性をもった道具だと考えているので、特に生き物の顔は必要としません。その典型がスマートスピーカーです。アマゾン・エコーもグーグル・ホームもただの箱のような外観をしています。必要な情報を伝えてくれる装置に、人格やキャラクター性をもたせる必然性は感じていないわけですね。しかし、日本のＬＩＮＥが出した「クローバ」はクマや鳥のキャラクターを模しています。

そこには東洋と西洋の価値観の違いがあるでしょう。特に、工業用ロボットや工場のラインの装置にいちいち名前をつけるような日本人のメンタリティは、おそらく西洋人にはさっぱりわからないと思います。識別番号だけでいいじゃないか、なぜ名前が必要なのか、と思っているはずです。

介護ロボットにしても、日本の場合は表情が豊かでなければ受け入れられないかもしれません。さらに感情をもったロボットにする必要があるかもしれません。

充電器に帰れず途中で果てているルンバを見て「可愛い」と萌《も》えるように、日本の場

悩ましいなー
選択メニュー
【人による介護】
○ 細かい所に気がつく
温かい看護
× 恥ずかしかったり
気兼ねする場面がある
or
【ロボットによる介護】
○ （将来的には）安価
気を使わなくてよい
× 誤動作などが心配
冷たい看護

合は機械相手でも友だちのように思ってしまう傾向が強いのですね。西洋では神さま、人間、それ以外のものというヒエラルキーがはっきりしています。東洋では人も動物も道具も自然界のものも自分と横並びという感覚があります。もちろん、動物のような顔がつかない昆虫や鉱物に愛を感じる人もいて、表情が必要かどうかは人にもよるのですが、全体的な傾向としては、ＡＩやロボットに心を感じとれる対象にしたいのではないかと思います。

ＡＩ開発については、日本は周回遅れであるのが現状で、アメリカや中国に追いつき追い越すのはかなり難しいでしょう。

しかし、「ＡＩに心を持たせよう」「ロボットを友だちにしよう」という視点には、日本にアドバンテージがあるように思います。日本のＡＩはゲームやアニメ、今ならＶチューバーなどと協力し合うことで、独自のＡＩを開発できる可能性があると思います。

【西洋的な価値観】
縦に階層化している

【東洋的な価値観】
みんな横並び

普及するとAIとわざわざ言わなくなる

二〇一二年にＡＩの第三次ブームが到来したとき、昔からＡＩをやっていたということで、僕のところにもいろいろと取材がありました。そのときよく聞かれたのが「ＡＩは何ができるんですか」「何に使えるんですか」ということでした。僕は「これから一〇年くらいのことでいえば、ＡＩは全てに入ります」「全てのことができるようになります」と答えていました。

これはちょうど、一九八〇年代にマイコンやパソコンが出てきたときと同じような状態です。コンピュータは一九四〇年代から存在していましたが、まだ研究室にだけあるようなもので、個人がもつようになるとか、洗濯機やポット、電子レンジに入るほど小型化されるなどということは、誰も想像していませんでした。またコンピュータは個人には無関係なものと思われていたのです。

それが今では、誰もが当たり前のようにパソコンで仕事をし、学生でも子どもでも使うものになりました。そして「コンピュータに何ができるか」という質問がバカバカし

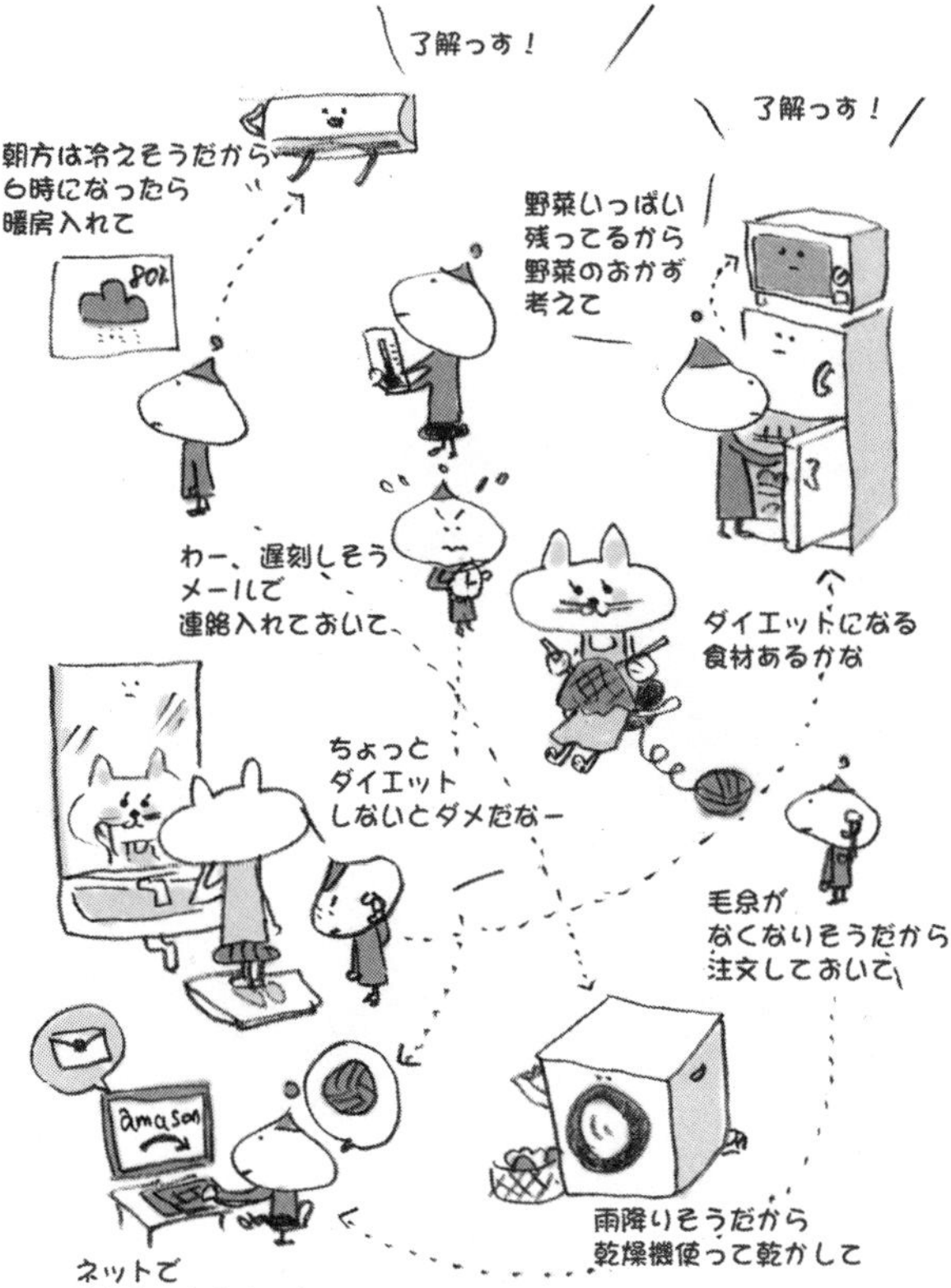
了解っす！
了解っす！
朝方は冷えそうだから
6時になったら
暖房入れて
80%
野菜いっぱい
残ってるから
野菜のおかず
考えて
わー、遅刻しそう
メールで
連絡入れておいて
ダイエットになる
食材あるかな
ちょっと
ダイエット
しないとダメだなー
毛糸が
なくなりそうだから
注文しておいて
amason
雨降りそうだから
乾燥機使って乾かして
ネットで
注文しておきまーす

く思えるほど、何でもできるようになっています。計算や文章を書いたり、友達と連絡を取ったりするツール的な使い方から、インターネット検索をしたり、音楽をつくったり絵を描いたり、映像を編集したりなど、創造的な使い方まで、多種多様な使い方ができます。

同じようにAIは、今後、どんどん家電や道具に入っていき、生活全般で役に立つものになっていくでしょう。AIなしでは語れない時代がくると思います。

我々はご飯を炊くときに、マイコンが炊き加減を調整してくれているのですがそんなことは意識していません。炊飯器に限らず、いちいち「マイコン搭載」という言い方をもうしません。家電や車にマイコンが入っていることは当たり前になっているからです。その技術が当たり前の技術になると、その技術を示す言葉が「消えます」。今はこの先どうなるんだろうとドキドキしながら見ているAIですが、そんなに遠くない未来に、生活全般をサポートしてくれるようになるでしょう。そしてAIが当たり前の技術になって「AI」という言葉が世間から消えていくでしょう。

ＡＩと当たり前のように一緒に暮らす生活は、もうすぐそこまで来ているのです。

さて、今さら聞けないようなＡＩの基本の「き」についての解説もこれで終わりです。お付き合いありがとうございました。みなさんのＡＩに対する興味が増し、少しでも理解が進みましたら幸せです。

私たちは今、コンピュータ、インターネットの発明と並ぶ新しい技術を自宅に迎え入れようとしています。ひょっとするとそれは、人類が初めて経験する機械仕掛けの「心をもったもの」との出会いかもしれません。

いずれにせよ、ＡＩは私たちの生活を今以上に豊かに楽しくしてくれる存在になることは間違いありません。

ちくまプリマー新書

011 世にも美しい数学入門 藤原正彦 小川洋子
数学者は「数学は、ただ圧倒的に美しいものです」とはっきり言い切る。作家は、想像力に裏打ちされた鋭い質問によって、美しさの核心に迫っていく。

012 人類と建築の歴史 藤森照信
母なる大地と父なる太陽への祈りが建築を誕生させた。人類が建築を生み出し、現代建築にまで変化させていく過程を、ダイナミックに追跡する画期的な建築史。

038 おはようからおやすみまでの科学 佐倉統 古田ゆかり
毎日の「便利」な生活は科学技術があってこそ。料理も洗濯も、ゲームも電話も、視点を変えると楽しい発見がたくさん。幸せに暮らすための科学との付き合い方とは？

054 われわれはどこへ行くのか？ 松井孝典
われわれとは何か？ 文明とは、環境とは、生命とは？ 世界の始まりから人類の運命まで、これ一冊でわかる！ 壮大なスケールの、地球学的人間論。

155 生態系は誰のため？ 花里孝幸
湖の水質浄化で魚が減るのはなぜ？　湖沼のプランクトンを観察してきた著者が、生態系・生物多様性についての現代人の偏った常識を覆す。生態系の「真実」！

157 つまずき克服！　数学学習法 高橋一雄
数学が苦手なすべての人へ。算数から中学数学、高校数学へと階段を登る際、どこで、なぜつまずいたのかを自己チェック。今後どう数学と向き合えばよいかがわかる。

163 いのちと環境
――人類は生き残れるか 柳澤桂子
生命にとって環境とは何か。地球に人類が存在する意味、果たすべき役割とは何か――。『いのちと放射能』の著者が生命四〇億年の流れから環境の本当の意味を探る。

166 フジモリ式建築入門 藤森照信
建築物はどこにでもある身近なものだが、改めて「建築とは何か？」と考えてみるとこれがムズカシイ。ヨーロッパと日本の建築史をひもときながらその本質に迫る本。

ちくまプリマー新書

175
系外惑星
――宇宙と生命のナゾを解く
井田茂
銀河系で唯一のはずの生命の星・地球が、宇宙にあふれているとはどういうこと？　理論物理学によって、太陽系外惑星の存在に迫る、エキサイティングな研究最前線。

179
宇宙就職案内
林公代
生活圏は上空三六〇〇〇キロまで広がった。宇宙が職場なのは宇宙飛行士や天文学者ばかりじゃない！　可能性無限大の、仕事場・ビジネスの場としての宇宙を紹介。

187
はじまりの数学
野崎昭弘
なぜ数学を学ばなければいけないのか。その経緯を人類史から問い直し、現代数学の三つの武器を明らかにして、その使い方をやさしく楽しく伝授する。壮大な入門書。

193
はじめての植物学
――植物たちの生き残り戦略
大場秀章
身の回りにある植物の基本構造と営みを観察してみよう。大地に根を張って暮らさねばならないことゆえの、巧みな植物の「改造」を知り、植物とは何かを考える。

ちくまプリマー新書

195
宇宙はこう考えられている
――ビッグバンからヒッグス粒子まで
青野由利
ヒッグス粒子の発見が何をもたらすかを皮切りに、宇宙論、天文学、素粒子物理学が私たちの知らない宇宙の真理にどのようにせまってきているかを分り易く解説する。

205
「流域地図」の作り方
――川から地球を考える
岸由二
近所の川の源流から河口まで、水の流れを追って「流域地図」を作ってみよう。「流域地図」で大地の連なり、水の流れ、都市と自然の共存までが見えてくる！

206
いのちと重金属
――人と地球の長い物語
渡邉泉
多すぎても少なすぎても困る重金属。健康を維持し文明を発展させる一方で、公害の源となり人を苦しめる。「重金属とは何か」から、科学技術と人の関わりを考える。

215
1秒って誰が決めるの？
――日時計から光格子時計まで
安田正美
1秒はどうやって計るか知っていますか？ 137億年動かし続けても1秒以下の誤差という最先端のイッテルビウム光格子時計とは？ 正確に計るメリットとは？

ちくまプリマー新書

223 「研究室」に行ってみた。 川端裕人

研究者は、文理の壁を超えて自由だ。自らの関心を研究として結実させるため、枠からはみだし、越境する姿は力強い。最前線で道を切り拓く人たちの熱きレポート。

250 ニュートリノって何？——続・宇宙はこう考えられている 青野由利

話題沸騰中のニュートリノ、何がそんなに大事件？ 素粒子物理学の基礎に立ち返り、ニュートリノの解明が宇宙の謎にどう迫るのかを楽しくわかりやすく解説する。

252 植物はなぜ動かないのか——弱くて強い植物のはなし 稲垣栄洋

自然界は弱肉強食の厳しい社会だが、弱そうに見えるたくさんの動植物たちが、優れた戦略を駆使して自然を謳歌している。植物たちの豊かな生き方に楽しく学ぼう。

291 雑草はなぜそこに生えているのか——弱さからの戦略 稲垣栄洋

古代、人類の登場とともに出現した雑草は、本来とても弱い生物だ。その弱さを克服するためにとった緻密な生存戦略とは？ その柔軟で力強い生き方を紹介する。

chikuma primer shinsho

ちくまプリマー新書322
イラストで読《よ》むＡＩ入門《にゅうもん》
二〇一九年三月十日　初版第一刷発行

著者　森川幸人（もりかわ・ゆきひと）
装幀　クラフト・エヴィング商會
発行者　喜入冬子
発行所　株式会社筑摩書房
東京都台東区蔵前二‐五‐三　〒一一一‐八七五五
電話番号　〇三‐五六八七‐二六〇一（代表）
印刷・製本　中央精版印刷株式会社

ISBN978-4-480-68349-6 C0204 Printed in Japan